まごころを伝える

葬儀・法要

喪主・遺族代表のあいさつ

大坪義文 監修

一級葬祭ディレクター

法研

飾らないことばでまごころを語る

―葬儀・法要のあいさつ

会葬者が多く、花環が近隣に並んだり、生花が祭壇いっぱいに飾られたりする派手な葬儀こそが、「故人が喜ぶ良い葬儀」と言われたのは、昭和のころまででしょう。最近は小さな規模でも、故人と本当に親しかった人たちによって見送られる葬儀が主流となっています。

葬儀・告別式の参列者に、喪主や、ほかの遺族があいさつを行いますが、タイミングとしては告別式が終了したあと、火葬場へ出棺《しゅっかん》する際が一般的です。（地域の風習や宗教などによってさまざまです）

「弔問のお礼」、「生前の厚誼《こうぎ》のお礼」、とくに長期療養した故人であれば「お見舞いのお礼」など、「お礼」があいさつの主題です。これは通夜でも、初七日以降の法要のあいさつでも同じです。

こうしたお礼を述べると同時に、故人の思い出を語り、ともに故人を偲んでいただくのが「お礼」と並ぶあいさつの構成要素になります。

仕事などで慣れた人は別ですが、多くの人はあいさつが苦手なものです。

まして配偶者や親の死に接しているときです。悲しみをこらえるのが精一杯で、準備をする時間も心のゆとりもないのが普通でしょう。そんな話し手が最も困るのが、故人の思い出、つまり故人のエピソードです。

故人がどんな配偶者であったり、どんな親であったか？　その思い出を参列者にどのように伝えるか？

難しく考える必要はありません。故人がいちばん輝いていた姿、好ましく思っていた人柄などをゆっくり思い出してみればいいのです。

「上手なあいさつをしなくてはいけない」などと思わないでください。自然にこみ上げてくる感謝のことばと故人の思い出を飾らないことばで語れば、だれもが「良いあいさつだな」と印象を抱く葬儀・法要のあいさつになります。

本書は通夜、葬儀・告別式から法要まで、喪主・遺族代表・世話役代表が行うあいさつをまとめた実例集です。さまざまなケースを紹介しているので、読者が参考にできる実例が必ず見つかると思います。故人の思い出をあいさつという形にまとめるとき、本書がお役に立てば幸いです。

一級葬祭ディレクター　**大坪義文**
（東京葬祭）

葬儀・法要

喪主・遺族代表のあいさつ

もくじ

第3章 葬儀・告別式でのあいさつ 49

第4章 精進落としでのあいさつ 145

第1章

喪主・遺族のあいさつのマナー

仏式の葬儀・法要の進行とあいさつ

通　夜

弔問客の受付開始

僧侶《そうりょ》の案内をする

僧侶が到着したら控え室に案内して通夜の打ち合わせをする。着替え、準備をしていただく

一同着席する

僧侶入場、通夜の開始

一同起立して僧侶を迎える

読《ど》経《きょう》開始

遺族と弔問客の焼香《しょうこう》

喪主から、血縁の濃い順に焼香する。弔問客の焼香時には喪主は立ち上がらず軽く目礼する

僧侶退場

僧侶が読経後に説教や法話をすることもある。僧侶を控え室に案内し、お礼のあいさつを述べる。「通夜ぶるまい」の席に案内し、退出する場合はお見送りする（喪主はお見送りをせず、世話役に任せる）

喪主のあいさつ➡実例P37～

喪主は遺族を代表して、弔問客に手みじかにあいさつし、通夜ぶるまいの席に誘う。場合によっては、遺体と対面してもらうこともある

【通夜ぶるまい】

喪主・遺族も通夜ぶるまいに加わる

軽食を取りながら、故人の思い出などを語り合う

喪主か親族代表、世話役代表が終了のあいさつをする➡実例P43～

僧侶を見送る

遺族が遺体を夜通し守る（式場では禁じられることが多い）

葬儀・告別式

一同着席する

まず喪主・遺族が、葬儀委員長、世話役、一般会葬者はその後に着席する

僧侶が入場する

参列者は起立するか、一礼して迎える

司会者が開式の辞を述べる

僧侶の読経

宗派によって、受戒・引導などさまざまな葬送儀礼が行われる

弔辞奉読・弔電紹介

司会者は弔辞を依頼した人の氏名を呼び上げる。弔電は2、3通だけ全文を読み、あとは名前だけ紹介する

僧侶の焼香のあと、読経のなか喪主、遺族、近親者、友人、知人の順に焼香する

喪主、遺族は一人ひとりに黙礼する

僧侶退場

司会者が「閉式の辞」を述べる

最後の対面をし、喪主、遺族、近親者の順に花を棺《ひつぎ》に入れて飾る

「釘打ちの儀式」を行う

喪主が出棺前のあいさつをする ⬇実例P53～

火葬

火葬場へ出発する

火葬許可証を提出し、棺を火葬炉の前に安置する

「納めの式」を行う

僧侶の読経、焼香に続き、遺族・参列者が焼香する

火　葬

火葬のあいだ、遺族・参列者は控え室で待機する

骨《こつ》上《あ》げを行う

遺族・参列者が、血縁の濃い順に2人1組でお骨を骨壷に納める

喪主《もしゅ》が遺骨を、
遺族が位牌《いはい》・遺影《いえい》を持って帰宅する

還骨法要・初七日法要・精進落とし

後飾りの祭壇《さいだん》に遺骨を安置し、
「還骨法要《かんこつほうよう》」の読経《どきょう》を行う

喪主から焼香《しょうこう》し、故人の冥福《めいふく》を祈る

続けて「初七日法要」を営む場合は、
読経と焼香が行われる

喪主が、葬儀終了と「精進落とし」への案内を兼ねたあいさつをする**➡実例P149〜**

精進落としの席に着く（喪主・遺族は末席）

親族代表・会社関係・友人代表などが、会食前に献杯のあいさつをする**➡実例167〜**

会食の席で、僧侶《そうりょ》やお世話になった方々をもてなす

法　要

法要のあいさつをする
➡実例P181〜

法要で献杯あいさつをする
➡実例P211〜

- 三十五日法要
- 四十九日法要
- 一周忌法要
- 三回忌法要
- 七回忌法要
- 十三回忌法要
- 三十三回忌法要

社葬の進行とあいさつ

葬　儀

司会者が開式を告げる

僧侶が入場し、読経が行われる

弔辞

司会者が指名し弔辞を拝受する。葬儀委員長が式文（特に葬儀委員長の弔辞をいう）を読み上げる

弔電を読み上げる

葬儀委員長、喪主、遺族、葬儀委員の順に焼香する

僧侶が退場する

司会者が閉式を告げる

葬儀委員長、喪主、遺族の順に退場する

告別式

司会者が告別式開式を告げる

僧侶が入場し、読経が行われる

遺族・親族、友人、会社関係、主催した会社関係者の順に焼香する

葬儀委員長・喪主・世話役代表などが謝辞を述べる**⬇実例P129~**

社旗が降下される

司会者が告別式閉式を告げる

神式の葬儀・法要の進行とあいさつ

通夜祭

「手水《ちょうず》の儀」を行う

神官である斎主、喪主・遺族・参列者が手水で身を清め、口をすすいで、着席する

故人の好物の饌《せん》（食べ物）をお供えする

斎主《さいしゅ》が祭詞を唱える

「玉串奉奠《たまぐしほうてん》」を行う

喪主、遺族、弔問者の順に玉串を奉奠する

遷霊祭

「降神《こうしん》の儀」を行う

家中の明かりを消し、斎主が遷霊詞《し》を唱え、故人の魂を霊璽に移す

「直会《なおらい》」を行う

仏式でいう、通夜ぶるまいのこと

葬場祭

「手水の儀」を行う

司会者が「開式の辞」を告げる

「修祓《しゅうばつ》の儀」を行う

斎主が斎場や供物、参列者を祓い清める

故人の好物の饌（食べ物）・幣帛《へいはく》（食べ物以外）をお供えする

斎主が祭詞を奉上する

弔辞を朗読、弔電を披露する

「玉串奉奠」を行う

斎主が退場する

遺族代表のあいさつ ⬇実例P63・P113

司会者が「閉式の辞」を告げる

●以降の儀式

- 出棺祭《しゅっかんさい》
- 後祓《あとばら》いの儀
- 火葬祭
- 埋葬祭
- 帰家祭《きかさい》

霊祭（仏式の法要にあたる）

霊祭のあいさつをする ⬇実例P190

翌日祭

十日祭

毎十日祭

五十日祭

キリスト教式の葬儀・法要の進行とあいさつ

カトリック

通夜の集い

参列者一同が聖歌を斉唱する

聖書朗読・説教がある

全員で祈る

献香《けんこう》と焼香《しょうこう》、または献花《けんか》をする

遺族代表のあいさつ
⇩実例P81・P103

茶菓で会葬者をもてなす

葬儀ミサ

入堂式……棺に続いて遺族が入堂し、神父が迎える
神父が棺に聖水をそそぎ、棺と祭壇《さいだん》に献香する

ことばの典礼……故人のために一同で祈りをささげる
聖書朗読・説教がある

感謝の典礼……

プロテスタント

前夜式

牧師が前夜式を宣告する

賛美歌斉唱、聖書の朗読が行われる

牧師が主の祈りをささげる

聖書の朗読、祈祷《きとう》、牧師による説教などが行われる

茶菓で会葬者をもてなす

葬儀・告別式

一般会葬者が入場する

棺、遺族が入場する

牧師が聖句を朗読する

賛美歌斉唱、聖書朗読、祈祷などが行われる

告別式（喪家側の主催による）

赦祷式《しゃとうしき》

遺族がパンとぶどう酒を奉納する
神父が感謝の祈りをささげる
聖歌斉唱
パンとぶどう酒をいただく「聖体拝領」

神父退堂

神父が故人の追悼説教をする
棺に聖水を注ぎ、香を献じる
故人の罪を清め、安息を祈る

弔辞拝受・弔電紹介

遺族代表のあいさつ

献花

以降の儀式

・出棺《しゅっかん》
・火葬
・還骨《かんこつ》迎え

3日目、7日目、30日目、毎年の召天記念日に行う

追悼ミサ

追悼ミサのあいさつ⬇P184

（告別式）

故人の略歴を紹介する
葬儀の辞
祈祷、黙祷《もくとう》、賛美歌斉唱が行われる
弔辞拝受、弔電の紹介
賛美歌斉唱、祈祷が行われる
オルガンによる奏楽

遺族代表のあいさつ⬇実例P81・P103

献花

以降の儀式

・出棺
・火葬
・還骨迎え

記念会（法要）

1週間目か10日目、1カ月後
以降は1年後、3年後、5年後など

自由葬・お別れの会の進行とあいさつ

自由葬

「自由葬」は、特定の宗教での葬儀を行いたくない場合に行われます。形式に決まりはなく、規模も内容も自由です。

お別れの会

「お別れの会」は、家族葬や密葬など身内だけの葬儀を済ませたあと、ホテルなどに友人、知人などお世話になった方々を招いて行われます。

通夜

故人の好きだった音楽を流す

弔問者の献花または焼香《しょうこう》

会葬者を食事でもてなす

故人や家族の好きな音楽を流す
実演でもよい

遺族、参列者が入場する

開式の辞を述べる

黙祷《もくとう》が行われる

葬儀が終わって

・火葬

・骨上げ

遺骨・遺影《いえい》を準備して「お別れの会」を開催

故人や家族の好きな音楽を流す……

実演でもよい。食事もビュッフェ形式のことが多い

告別式

故人の略歴を紹介する

ビデオや写真、スライドなどを用いてもいい

お別れのことば（弔辞）を述べる

弔電を奉読する

遺族・親族の献花

献花が多いが、焼香のケースもある

参列者の献花

遺族代表のあいさつ

閉式の辞

遺族、親族によるお別れの儀

・出棺《しゅっかん》前の遺族代表のあいさつ

⬇実例P53～

・出棺

会葬者を食事でもてなす

お別れの会

主催者が開式の辞を述べる

故人の略歴を紹介する

ビデオや写真、スライドなどを用いてもいい

お別れのことばを述べる

遺族代表などのあいさつ

⬇実例P137～

主催者が閉式の辞を述べる

葬儀・法要であいさつするのはだれ？

だれが喪主《もしゅ》を務めるか？

葬儀や法要では遺族代表として喪主（法要では施主）があいさつもしますが、喪主はだれが務めるのが一般的でしょうか。

故人が生前に指定していた場合をのぞき、喪主になるのは故人といちばん縁の深い人で、結婚していればほぼ配偶者が務めます。以前は夫が亡くなった場合、妻が健在でも長男を喪主にすることが多かったようですが、最近ではほとんどのケースで妻が喪主を務めるようになっています。

また、親より先に子どもが亡くなった場合、以前は親が喪主を務めるのを「逆縁《ぎゃくえん》」といって嫌いましたが、最近とくに都市部では、親が喪主を務めるのが普通になっています。

配偶者が他界していれば子どもです。最近では長男に限らず、長く世話をしてきた娘がなることもあります。子どもがいないときは親、兄弟姉妹、親戚など、より近い血縁者が喪主になります。

故人に身寄りがない場合、ひとり住まいで親戚が遠方にいる場合などは、友人、知人が喪主の代理を務めることもあります。その場合、喪主とはいわず、「友人代表」「世話役代表」と名乗るのが一般的です。

喪主の代理があいさつする場合

喪主が高齢で動揺と緊張に耐えられそうにない場合や、高齢でなくても体調を崩して入院をしている場合、年少できちんとしたお礼が難しい場合などは、親族や友人が代理であいさつをすることがあります。

　そんな場合、あいさつのはじめに代理人であることを名乗り、その理由を述べておきましょう。弔問客を心配させないため詳しい説明は省き、軽くふれる程度にします。理由としては

・体調を崩しているため
・突然のことで動揺が激しいため
・入院中のため
・なにぶん高齢（年少）のため

などがあげられます。

　このような場合は代理人の心配りとして、あいさつの最後に、遺族への今後の厚誼《こうぎ》や支援のお願いを入れておきましょう。

　なお以前は喪主が女性の場合、身近な男性が代わってあいさつに立つことがありましたが、最近は徐々に少なくなっています。

社葬では葬儀委員長があいさつを

　会社や団体が主催する社葬や団体葬では、喪主とは別に、会社や団体の長が総責任者として葬儀委員長となり、あいさつを行います。この場合、社葬を行う理由などを述べてもいいでしょう。

喪主と施主の違い

　葬儀・告別式では喪主が施主を兼ねることがほとんどなので、混同されがちですが、喪主と施主とは役割が違います。喪主は遺族の代表ですが、施主は葬儀費用を負担する立場です。配偶者が高齢や若年で金銭的な余裕がなかった場合、子どもが未成年だった場合などに、親戚が施主になって金銭的な面倒を見ることもあります。

喪主側のあいさつのポイント

大事なのは感謝の気持ち

喪主側のあいさつは、おもに通夜ぶるまいの前後、告別式での出《しゅつ》棺《かん》時、精進落としや法要の際に行われます。その際何分くらい話すべきか、また何を話すべきかなどについての決まりはありません。時間は短くてもかまわないので、来てくださった方々に対する感謝の気持ちを表しましょう。

すらすら話せなくても大丈夫

悲しみをこらえて話す以上、感情がこみ上げてことばにつまるのは、遺族ならあたりまえのこと。そんな場合はあせらずに少し間を置き、落ち着いてから話すようにしましょう。もし落ち着いて話せる自信がなければ、「今日はありがとうございました」と、気持ちをこめてお辞儀をするだけでも失礼にはなりません。

自分のことばで話す

ふだん使う自分のことばで話すほうが間違えにくく、気持ちも伝わるものです。完璧なあいさつより、たとえ短くても自分のことばで話すことを心がけましょう。どうしてもきちんと内容を伝えたいときは、あらかじめ書いておいたメモを読んでもかまいません。

あいさつの構成

不祝儀のあいさつには、基本的に4つの要素があります。

①自分と故人との関係
②会葬のお礼
③生前故人がお世話になったこと

への感謝の思い

④これからの遺族への支援のお願い

②と③の間に、故人の簡単な履歴や、どのような病気でいつ亡くなったかなどを含めることもあります。

葬儀・告別式の場合は、会葬と見送りに対する感謝の気持ち、これまでの厚誼《こうぎ》への感謝が主になります。故人の最期の様子や遺族の心情を話す際は、感情的になりすぎないよう気をつけましょう。

遺族代表、友人代表、世話役代表の立場なら、遺族に対する今後の支援のお願いをつけ加えます。

精進落としでは、滞りなく葬儀、告別式が終わったことを感謝し、関係者の労をねぎらうことが主旨なので、手短なあいさつが鉄則です。

法要では、集まってくれた方々へのお礼のほか、今の故人への思いや状況の変化、故人についての懐かしい思い出をゆっくりと語ります。

●落ち着いて話すコツは？

落ち着いて話すには次のような工夫が必要です。

①ゆっくり話す

あせると早口になりがちです。いつもより遅めのスピードで、ひとことずつかみしめるように話しましょう。

②あせったら、腹式呼吸を

話す直前に深く深呼吸、できれば腹式呼吸をすると、肩の力が抜けて、落ち着きます。

故人のエピソードの見つけ方

故人のエピソードの見つけ方

故人を送ることばに、故人ならではの個性を物語るエピソードは欠かせません。もし思いつかなければ、心に残る場面、印象的なことばなどを思い出してみましょう。心に残るエピソードが見つけやすくなるはずです。

公的・私的なエピソード

まず、公的エピソードと私的なエピソードを分けて考えてみます。遺族がよく知っているのは私的な生活の中でのエピソードですが、世間に向けた顔を考えてみると、あらためて思い出が浮かんでくるかもしれません。とくに社葬・団体葬であいさつする場合は、公的なエピソードのほうがふさわしいでしょう。

小さな思い出をきっかけに

故人の美点を紹介するのはあいさつの基本ですが、まじめ、勉強好き、きちんとして整理整頓が得意、だれにでも優しく思いやりがある…と、いいところばかりの人間はいません。美点を見つけて紹介することにとらわれると、エピソードが見つけにくくなります。

故人は世話焼きでひょうきんだったとします。しかしそれは裏返せば、親切で明るい人柄という美点でもあるのです。たとえ平凡な一生に見えても、人はそれぞれに苦難を乗り越えて生きています。小さなことでかまいません。故人のささやかな思い出を書き出し、ふさわしいエピソードを見つけましょう。

亡くなった夫のエピソード

分類	エピソード	あいさつ実例
仕事	仕事に対する熱心さ	自宅ではいつも書類を見て難しそうな顔をしていましたが、1つの仕事が終わったときは顔つきでわかりました。
	部下に対する責任感	時々、家に営業部のみなさんを連れてきました。いつもは見せないような顔をしているのでびっくりしましたが、部下のみなさんについて「みんな頑張ってくれているよ」と、よく口にしていました。みなさんを信頼しているのがわかりました。
性格	穏やかな性格	怒りっぽいところのある私がカッとしても、決して声を荒げず落ち着いて話すので、こちらも拍子抜けしてしまい、あまりケンカにはなりませんでした。
	やさしい性格	私が熱を出して寝込んだときには、慣れない手つきでおじやを作ってくれました。実はあんまりおいしくなかったのですが、あの味は忘れられません。
	まじめすぎる性格	誕生日プレゼントがないと私がむくれたときには、「何もないけど」と、駅前で買ったタイ焼きをまじめな顔で差し出し、思わず笑ってしまったこともあります。
家族	やさしい父親	子どもの成績のことで怒ると、「智一も頑張っていたじゃないか。長い目で見てやろうよ」と取りなすので、それもそうかなと冷静になることができました。
	娘を可愛がる	長女が結婚するときには喜んでおりましたが、その後時々ふっと淋しそうな顔をすることがありました。いろいろなことを思い出していたのでしょう。
	息子への愛情	以前から、息子が大人になったら、いっしょに居酒屋に行くのが夢だと言っていましたが、このあいだ息子を誘ったようで、帰ってきたときは大変楽しそうな顔をしていたことを思い出します。

亡くなった妻のエピソード

分類	エピソード	あいさつ実例
仕事	仕事への情熱	教師の仕事は忙しいようで、いつも自宅に仕事を持ち帰っていました。時々はつらいようでしたが、生徒たちに対しては愛情を持っていました。生徒のことを話し出すとなかなか止まらなくなるほどで、「教員は自分の天職」と言っておりました。
	自分を高めるために	美容師としての技術をみがくことには熱心でした。新しい流行にも鈍感ではいられないと、情報集めにも気を配っており、プロとしてすごい人だと感心しておりました。
性格	ひょうきんな性格	冗談が好きで、私が疲れた顔をしていると、お笑い芸人のギャグをやって笑わせてくれました。妻のおかげで気負った気持ちがどれだけ楽になったかわかりません。
近所づきあい	知り合いが多い	いつのまにか近所にお友だちが増えていて、私も近所でいろいろな方からごあいさつを受けるようになっていました。私の知らない間にいろいろおつき合いをしていたようです。元々人なつこい性格でしたので、親しくしていただけたのでしょう。
家族	夫婦の相性	どちらかというと無口な私をいろいろな面でバックアップしてくれました。ずっといっしょにやってきたので、彼女のいない生活はまだ想像できません。
	父と母に対して	私の父は病気がちでしたので、ずいぶん苦労をかけたと思います。せっかちな母に対しても、やさしく接してくれました。
	孫に対して	子どもには厳しいところもありましたが、孫に対しては手放しの可愛がりようで、幼稚園へ迎えに行くのを楽しみにしていました。
趣味	熱心な野球ファン	元々はスポーツに興味がなかったようですが、私といっしょに見ているうちにすっかりファンになってしまい、野球観戦にも２人でよく行きました。

亡くなった父のエピソード

分類	エピソード	あいさつ実例
性格	しつけに厳しい父	私がレストランなどで大声を出すと、「みんなが迷惑しているから、やめなさい」と静かに言われ、めったに怒らない父だったので、よけいに怖かったのを覚えています。
	子どもとよく遊ぶ父	家で仕事をしていたので、仕事場で騒ぐと叱られましたが、休みになると近くの川や公園に連れて行ってくれ、キャッチボールなどでよく遊んでくれました。
趣味	料理自慢の父	父はほかに家事をするわけではないのに、料理だけは好きで、テレビなどで見たものを作ってくれることがありました。得意のメニューはチャーハンで、少し塩からい「パパのチャーハン」が、私たちは大好きでした。

亡くなった母のエピソード

分類	エピソード	あいさつ実例
やさしさ	毎日お弁当をつくってくれた母	小さいときから看護師として働いていたので、母が家にいないことが、あたりまえでした。でもお弁当は毎日、いろいろなおかずを入れて作ってくれ、学校で開くとみんなが「わあ、すごい!」と見に来るので、ちょっと自慢でした。
センス	センスのいい母	親しくしてくださった方によると、母は昔からおしゃれだったようです。子どものころは授業参観などで目立つので、恥ずかしくていやだったのですが、大人になると、いい相談相手になってくれました。私の買物にもよくついてきて、アドバイスしてくれるのですが、正直な人なので、子どもとしてはつらいときもありました。それも今思うと楽しい思い出です。
嗜好	スイーツ好きの母	母は甘いものが大好きで、羊羹《ようかん》をお腹いっぱい食べるのが子どもの頃の夢だったそうです。今も甘いものを見るとつい、「母に食べさせてやりたい」と、思ってしまいます。

亡くなった子のエピソード

分類	エピソード	あいさつ実例
性格	聞き分けのいい子	幼稚園に行っているころから、聞き分けのいい子どもでした。外出先でも泣いたり大声を出して騒ぐこともなく、おとなしくしていました。たまに思いどおりにいかずに不機嫌なときにも、なぜそうできないかを言って聞かせると、納得してご機嫌が治ってしまうのです。
	自立心のある子	親が言うのもなんですが、しっかりした子でした。就職してすぐ独立しましたが、あまり連絡もしてきませんので心配して電話すると、「心配かけてごめん」と、次の休みには帰ってきたり、帰れないときはメールをくれました。親のほうが自立していないとよく言われました。

亡くなったきょうだいのエピソード

分類	エピソード	あいさつ実例
性格	やさしいが強かった兄	兄は子どものころからやさしい性格ですが、一度決断したら絶対に曲げない強い面もありました。事業を立ち上げ成功できたのも、社員のみなさんへはやさしく、ライバルにはきびしい両面があったからこそだと思います。
	のんびりした性格	姉は私と違い、いつもニコニコ笑っているような、ちょっとのんびりしたところのある人でした。腹が立っているときは、「なぜいつもそんなに笑っていられるの?」と思うこともありました。
	片づけが苦手だった弟	小さいころから弟は片づけが苦手で、兄弟で使っていた子ども部屋の整理のことで、よくケンカしたものでした。ところが、大人になった弟の家に行くと、膨大な蔵書がいつもきちんと整理されていました。さすがにプロの文筆家になったと感心したものでした。

亡くなった友人のエピソード

分類	エピソード	あいさつ実例
性格	さりげなく思いやり	思えば、高校時代から人の気持ちがよくわかる人でした。こちらの気分が沈んでいるときは、いつもさりげなく学校の帰りにあんみつ屋に誘って話を聞いてくれました。意気地のない私は、そのやさしさに何度救われたかわかりません。
	負けん気の強い努力家	大学のとき、同じ野球部に所属していましたが、とにかく○○君の負けず嫌いは有名でした。コーチに注意を受けると、自分で納得がいくまで素振りを続けるのです。グラウンドが暗くなるまで残っていることもまれではなく、正直コイツには勝てないと思いました。
趣味	落語好きの愉快な友	周囲を笑わせるのが大好きで、座がシンとすると必ずファンの○○師匠の物まねなどを始めるのがクセでした。本当はそれほど似てはいないのですが、その一生懸命さとサービス精神で、みなの顔がほころぶのです。

亡くなった会社関係者のエピソード

分類	エピソード	あいさつ実例
性格	面倒見のいい社長	社長の面倒見がいいことは、昔から有名でした。部下たちに何か問題がありそうだと察すると、さりげなく声をかけ、一杯飲みながら親身になって話を聞いてくださいました。
家族	お孫さん思いの会長	仕事に関しては厳しい会長でしたが、お孫さんの邦明君のことになると、満面の笑顔になっていらっしゃいました。お孫さんの描いた似顔絵を会長室に飾ろうとなさり、みなで止めたほどです。
趣味	ゴルフに目がない会長	業界の方々とは日ごろからおつき合いのあった会長ですが、ゴルフコンペのあるときは、とくにニコニコしていらっしゃいました。あの楽しそうな笑顔が、みなに慕われるお人柄を表していたように思います。

決まり文句のいろいろ

決まり文句をうまく使うと、あいさつがしやすくなります。

通夜・葬儀・告別式の例

本日は

・お忙しいところ、
・ご多用中にもかかわらず、
・お足元の悪いなか、
・お暑いなか、
・あいにくの雨のなかを、

○○の通夜・葬儀・告別式に

・お運びくださいまして、
・ご参列いただき、
・ご会葬くださいまして、
・わざわざお越しいただき、
・ご弔問いただきまして、

誠にありがとうございます。

（自己紹介、故人のエピソードなど）

・○○の存命中は、みなさまにひとかたならぬご指導、ご厚情を賜りましたことをお礼申し上げますとともに、
・私どもをこれまで支えてくださいましたみなさまに、あらためて心よりのお礼を申し上げますとともに、
・ここにあらためて、みなさまから生前いただきましたご厚情に対しまして、厚くお礼申し上げますとともに、

今後とも変わらぬご厚《こう》誼《ぎ》を賜りますようお願い申し上げます。

（通夜ぶるまいへの誘い、葬儀・告別式のお知らせなど）

・以上ご案内申し上げます。
・ご都合がよろしければご参列ください。

本日は誠にありがとうございました。

第2章

通夜でのあいさつ

通夜ぶるまいでのあいさつのマナー

通夜のあとに行う「通夜ぶるまい」

仏式では、焼香《しょうこう》がすんだ弔問《ちょうもん》客《きゃく》を順次酒食を用意した別室へ案内し、遺族が弔問客に酒食をふるまうことを「通夜ぶるまい」といいます。

死の穢《けが》れを清めるためと故人の供養《くよう》、弔問客への感謝の気持ちを表す目的で行います。

同時に、弔問客に故人の思い出や故人とのかかわりを語り合っていただく場でもあります。喪主《もしゅ》や遺族は、弔問客がふるまいの席へ移ったことを見届けて、そちらへ移動しますが、遺族の何人かは残って棺《ひつぎ》をお守りします。

通夜でのあいさつが見られるようになった理由

一般の弔問客は葬儀・告別式に参列し、通夜に弔問に来るのはごく親しい身内だけでした。文字通り、夜を通して故人の遺体を守り、供養に務めるのが本来の通夜のしきたりでした。

しかし、最近の都市部では葬儀・告別式より、夜に行われる通夜に出る客が多くなり、葬儀・

告別式は故人と縁の深い人、通夜は一般会葬者という傾向が強くなっています。

そのため、身内だけが弔問した通夜ではとくにあらたまったあいさつは必要なかったのですが、最近は、通夜ぶるまいの席で「参列してくれたお礼のあいさつ」を述べることが増えてきました。

喪主・遺族・世話役があいさつする

故人や遺族との縁の深さによって、弔問客がふるまいの席に留まる時間はさまざまです。清めの飲み物に軽く口をつけて帰る弔問客が多い場合もあるし、喪家と縁の深い弔問客が多く、大多数が最後まで残る通夜もあります。

すぐに帰る弔問客がほとんどの場合は、あらたまってあいさつをしなくていいでしょう。しかし、故人の親戚・友人、喪主の親戚・友人が多く席を立つ人がほとんどいないようなケースでは、喪主あるいは遺族から「故人のこれまでの厚誼《こうぎ》のお礼」、「弔問のお礼」を申し述べるのが自然です。

翌日もあるので早めに終えるように

ふるまいは1時間程度が適当ですが、お酒が入るとなかなか引き上げない弔問客もいます。

遺族は通夜までいろいろな心労が続き、早く落ち着きたいものです。「そろそろ時間なので」と言い出しにくい場合、喪主や世話役は、通夜ぶるまいをご案内するあいさつのなかで、「会場の関係で○時ごろまでと限らせていただきます」とか、「お手伝いの方は明日も早いので○時ごろまでとさせていただきますが、それまではゆっくりお話しください」などと伝えておくと、スムーズに終了できます。

それでも遅くまで残っている人がいたら、世話役は遺族を気づかいそれとなく、引き上げていただくよう案内します。

通夜ぶるまいの前のあいさつ

酒食の勧めと弔問《ちょうもん》のお礼のあいさつ

通夜ぶるまい前のあいさつは喪《も》主《しゅ》が行うのが一般的ですが、喪主が体調を崩していたり、故人の側を離れたくないと希望する場合は、遺族や世話役の親戚などが行います。

喪主や遺族が、棺《ひつぎ》のある部屋から通夜ぶるまいの部屋へ移るころは、弔問客はすでに接待係に勧められて食事を始めています。

その中に遺族は入っていきますが、すぐに席を立つ弔問客の姿が落ち着いてきたところで、お礼のあいさつをします。「故人の供養《くよう》にもなるので召し上がってください」というのが決まり文句で、故人の思い出などを互いに語ってくれるように促します。

喪主や遺族などがお礼のあいさつに回る

いちばん身近な人を亡くした喪主は悲しみにくれ、さらに臨終からの疲労がたまり体調はすぐれないものです。高齢であればなおさらです。遺族としては、喪主の体を気づかい、あいさつをしたら別室で休んでもらっても、客に対し失礼ではありません。

喪主も遺族もまだ余力があれば、故人が世話になった弔問客の席に行き、故人への厚誼《こうぎ》と通夜に参列してくれたことのお礼を述べます。

短い思い出話などを話したり、聞かせてもらったりして故人のありし日を偲《しの》ぶのも供養になります。酒を勧められて飲んだとしても、遺族側の人が大きな声を上げたり、笑ったりするのは厳禁です。ふるまいの席が乱れることもあるので、節度が必要です。

通夜ぶるまいの前のあいさつ

温泉好きだった夫

68歳 男性
・自宅で倒れて急死
・温泉大好き
・秘湯めぐりの会

話し手
喪主
妻

2分30秒

弔問のお礼

本日はご多忙にもかかわらず、お寒いなかを遠路はるばる、ご弔問くださいましてありがとうございました。また、ご丁重なご芳志を賜り、厚くお礼申し上げます。

最期

夫○○は、昨日午前8時30分ころ、自宅で倒れ救急車で病院に運ばれましたが、懸命の治療のかいもなく、4時間後に死去いたしました。享年《きょうねん》68歳でした。

生前の趣味

夫は温泉が大好きで、退職してからは△△会のみなさまとごいっしょに、月に1度の秘湯めぐりに参加できることを本当に楽しみにしておりました。今となっては念願の温泉めぐりができたことが本人にとりましても、なによりの慰めでございます。生前、みなさまにお世話になりましたこと、故人もさぞや感謝いたしていることでございましょう。

ふるまいの案内

ささやかではありますが、別室に、お食事の用意をさせていただきました。故人の供養のためにも、召し上がりながら故人を偲んでいただければと存じます。

あいさつの流れ

①弔問のお礼
香典や供物へのお礼は、「ご芳志」「ご配慮」「ご厚志」「ご厚情」などとし、具体的なものに対することばは使いません。

②死去についての報告
急な死去の場合、事情を知らない弔問客もいますので、さしさわりのない範囲で経過を説明します。

③故人を偲ぶエピソード
弔問客が知っている、幸せな晩年のエピソードなどを簡単に話します。

④通夜ぶるまいの案内
食事を勧めます。

通夜ぶるまいの前のあいさつ

旅行先で逝った妻

59歳 女性

・旅行好きだった
・脳出血による突然死
・角館の20年前の思い出

話し手
喪主
夫

5分30秒

弔問のお礼

本日は妻〇〇〇〇の通夜式にご参列くださいまして、ありがとうございました。多くのみなさまにお会いできて、妻もさぞ喜んでいることでしょう。また、旅行サークルのみなさんには、受付などのお世話をいただきありがとうございます。

臨終前後の様子

桜前線が東北に移っていくのを追うように旅行に出た妻でしたが、宿泊先のホテルで深夜に倒れ、搬送された病院で息を引き取りました。脳内出血でした。知らせを聞いて、子どもたちと深夜の東北自動車道路を飛ばしたのですが、残念ながら病院に駆けつけたときはもう帰らぬ人となっていました。

そういえば、旅行に出る1週間ほど前から頭痛を口にしていたのですが、本人も予想もしなかったことでしょうが、私も異変の前兆だとはまったく気がつきませんでした。

生前の妻は旅行が趣味で、私と出かける以外にも旅行サークルのお仲間のみなさんたちと桜の季節、紅葉の季節などに、国内旅行を楽しんで

あいさつの流れ

①弔問と世話役のお礼
通夜に出てくれたお礼を述べますが、世話役などを引き受けてくれた人たちには、とくにお礼の気持ちを表しましょう。

②倒れたときの様子
旅行先で倒れて帰らぬ人となったケース。知らせを聞いて駆けつけた様子などを伝えます。

③病気の前兆
病気で倒れた前兆などのエピソードです。

④妻の思い出
故人の思い出を語ります。旅行好きだった妻。亡

旅行好きだった

いました。２人の子どもたちが独立してからは、だれに遠慮はあるものかとばかりに、パートの仕事でいただく給料を、自分の生きがいづくりに有効に使っていたようです。

同い年の私が来年定年を迎えますので、記念に行く旅行の話をしていたところでした。海外旅行は近くの国しか行った経験がないので、思い切ってヨーロッパに行きたいと希望を口にしていました。

20年前の思い出

今回の旅行では、いっしょに行ったお仲間に聞きますと、楽しみにしていた角館《かくのだて》の満開の桜を見物した、その夜に亡くなったとのこと。

角館といえば、私が仙台支店に単身赴任していたとき、妻が子どもたちを連れて遊びに来て、その足で旅行に出かけた場所でした。川の堤を歩いていると、桜の木が立ち並んでいて、桜の季節はさぞ美しいだろうと話し合ったことがありました。

思えば、もう20年になる遠い昔の願いをかなえて逝《い》ってくれたのが、せめてもの慰めです。

ふるまいの案内

ご弔問《ちょうもん》いただいたお礼を兼ね、ささやかな酒食をご用意させていただきました。供養《くよう》にもなりますので、どうかゆっくり召し上がりながら、故人を偲《しの》んでいただければと存じます。

本日はどうもありがとうございました。

くなった角館の20年前の思い出など。旅行を題材にいろいろなことを思い出していくと、亡き妻の輪郭が鮮明になります。

⑤ふるまいの案内 ◀

食事を勧めますが、遠慮することのないように「妻の供養になるので……」というひとことをつけ加えましょう。

通夜ぶるまいの前のあいさつ

長い闘病生活だった母

78歳 女性

・長い闘病生活
・ピンクの花が大好き
・持ち前の明るい性格

話し手
喪主
長女

2分30秒

弔問のお礼 / 闘病生活の様子 / 花好きだった / 療養中のお礼 / 食事の案内

本日はお忙しいなか、母○○の通夜に駆けつけていただき、誠にありがとうございます。

母は昨年3月より病気療養中でしたが、看病のかいなく、昨日の午前3時40分、眠るように息を引き取りました。享年《きょうねん》78歳でした。

長い闘病生活でしたが、持ち前の明るさで周りのみなさんを元気づけ、娘の私のほうがかえって励まされていました。最後は大変やすらかに、眠るように逝《い》ったことがなによりでした。

ピンクの花がお気に入りの母でしたので、祭壇《さいだん》にはピンクのマーガレットやフリージア、スイートピー、ガーベラなどを供えさせていただいています。「きれいね」と喜んでくれていることでしょう。

みなさまには母の療養中、手厚くお見舞いいただきありがとうございました。故人に代わりまして心より感謝申し上げます。

別室に、ささやかですがお食事を用意させていただきました。お時間の許す限りみなさまに、母を偲《しの》んでいただければと存じます。

あいさつの流れ

①弔問のお礼
突然のことにもかかわらず、おいでいただいたお礼。

②故人の思い出
病状や治療中の苦しみなどには、あまりふれないようにします。故人の人柄や好きだったこと、趣味などの話が適当です。

③お見舞いへのお礼
お見舞いへのお礼を述べます。

④通夜ぶるまいの案内
通夜ぶるまいの案内を伝えますが、無理じいの印象にならないようにします。

通夜ぶるまいの前のあいさつ

故人の上司からのあいさつ

30歳 男性
・帰宅途中の交通事故
・堅実な仕事ぶり
・会社ではホープ

話し手
世話役代表
上司

2分30秒

弔問のお礼 ／ 死因 ／ 期待されていた故人 ／ ふるまいの案内

本日はお忙しいなか、故○○君の通夜に、多くの方にご弔問《ちょうもん》いただきまして誠にありがとうございます。私は、故人の職場の上司にあたります山本でございます。世話役を務めさせていただいております。ご遺族、ご親族のみなさまに代わりまして、ごあいさつさせていただきます。

すでにみなさまお聞き及びかと存じますが、○○君は、バイクに乗って帰宅途中、交通事故に遭い病院に運ばれましたが、残念ながら一昨夜の午前2時30分、帰らぬ人となりました。享年30歳でした。

急なことでしたので、みなさまにはさぞ驚かれ、悲しみもひとしおのことだったでしょう。公私ともにこれからというときに、また、仕事も堅実で、会社のホープとして将来を期待された青年であっただけに残念でなりません。本人もさぞ無念であったことでしょう。

別室に、ささやかですがお食事を用意させていただきましたので、故人の供養《くよう》のためにお召し上がりください。お時間の許す限り、遺族のみなさまに故人のお話などお聞かせいただければと存じます。

あいさつの流れ

①弔問のお礼と間柄
世話役は喪主の代わりとして謝意を表しますが、まず故人との関係を明らかにします。

②死去までの報告
突然の死去の場合、弔問客には支障のない程度に、死までの経過を簡単に知らせます。

③上司としての悲しみ
直属の上司として、期待されていた故人の仕事ぶりを披露します。

④通夜ぶるまいの案内
喪主・遺族に代わって食事を勧めます。

通夜ぶるまいの終わりのあいさつ

通夜終了のあいさつのポイント

通夜ぶるまいでは、遺族の疲れも出ますので、時間を見計らって、喪主《もしゅ》か世話役代表がさりげなく閉会のあいさつをして終了します。ポイントは弔問《ちょうもん》のお礼と翌日に控えた葬儀・告別式の案内です。

①弔問へのお礼
②終了のあいさつ
③葬儀・告別式の案内
④結びのことば・弔問客への配慮

忙しいなかを参列していただいたお礼と、無事に通夜を終えることができたお礼を述べます。

弔問客が帰るきっかけをつかめないでいるときは、世話役代表が「みなさま」などのことばを発して、注意を引いて自らがあいさつを始めるか、「喪主よりお礼のごあいさつが……」と話すきっかけをつくります。

通夜ぶるまいに途中から参加した方のために、死亡のいきさつなどについて簡単に述べ、入院中のお見舞いなどのお礼を述べます。

葬儀・告別式の日程、場所、式の形式を案内したうえで参列をお願いし、帰途へつく弔問客への配慮のことばで結びましょう。

弔問客の見送りは世話役が行う

喪主や遺族は帰る弔問客を見送らないのが一般的です。

弔問客の出迎えや見送りは、すべて世話役の人たちにまかせます。喪主や遺族がしなくてはいけないのは僧侶《そうりょ》の見送りです。玄関先まで見送りに出て、通夜のお礼とともに、明日の葬儀・告別式についてのお願いをしながら、一礼して見送りをします。

通夜ぶるまいの終わりのあいさつ

妻からお礼のあいさつ

63歳　男性
・脳梗塞による突然死
・農業をするのが夢だった
・夢の準備を進めていた

話し手
喪主
妻

2分30秒

お礼と最期

本日は故○○○○の通夜にご参列くださり、ありがとうございます。

夫は去る2日の夜半、突然頭痛を訴え、緊急の出術のかいもなく脳梗《のうこう》塞《そく》のため死亡しました。定年後も引き続きお世話になった会社を、来月で退職させていただく矢先のことでした。

夫の夢

老後は故郷の近くに移り住み、農業を始めたいという夢を持っていました。そのため60歳になる前から、地域の農業研修を受けたり、親戚の方に野菜づくりを教えていただいたりしていました。果たせぬ夢でしたが、その夢を語っていたときの晴れやかな顔は、私や子どもたちの記憶にいつまでも残ると思います。希望を抱き、充実した晩年を送れたことは、夫にとってなによりだったのではないかと推測します。

お開き

夫のお話をまだお聞きしていたいところですが、明日もございますので、本日はお開きとさせていただきます。

翌日の案内

なお、明日の葬儀・告別式は、午前11時より当斎場にて予定しております。お時間が許すようでしたら、お見送りいただければと存じます。

あいさつの流れ

①弔問のお礼
通夜に参列してくれたお礼を最初に述べます。

②死亡時の様子
どんな経緯で亡くなったのか、死因などを簡単に説明します。

③故人の夢
故人のエピソードを紹介します。故人が晩年抱いていた夢の話を語る実例です。

④翌日の案内
葬儀・告別式の予定を案内し、参列のお願いをします。

通夜ぶるまいの終わりのあいさつ

夫からお礼のあいさつ

78歳 女性
・セールスレディーだった
・定年後も仕事をした働き者
・8人の孫に囲まれて

話し手
喪主
夫

2分30秒

弔問のお礼

本日は多くのみなさまにお集まりくださり、誠にありがとうございます。また生前のご厚誼《こうぎ》に対しまして、故人に代わりお礼申し上げます。

孫に囲まれて

妻は定年まで生命保険のセールスレディーとして働き、その後も近くの洋品店でお世話になりました。陽気な性格で働き者、というのが私だけでなく家族、親戚の評価だったと思います。洋品店を辞めてからは、娘、息子たちの合計8人の孫に正月や誕生日に、お年玉やお祝いを贈るのを、なにより楽しみにしていました。

最期

病院で最期を迎えたときも、子どもや孫たちに囲まれて、眠るように息を引き取りました。日本人女性の平均寿命からすればやや早いようにも思えますが、悔いのない充実した人生だったと思います。

翌日の案内

多くの方にお運びいただき、まだお話をお聞きしたいのですが、葬儀が控えていますので、このへんで散会にさせていただきます。なお、明日は本斎場で午前11時より葬儀・告別式を行いますので、ご都合がよろしい方はぜひご参列ください。本日はありがとうございました。

あいさつの流れ

①弔問客へのお礼
たくさんの弔問を受けたことのお礼と、生前の厚誼に対しても感謝を述べます。

②故人のエピソード
孫に囲まれ幸せだった晩年の様子を語ります。

③最期の様子
病院でたくさんの家族に見守られて息を引き取った様子を語ります。

④明日の案内
最後に通夜ぶるまい終了のあいさつと葬儀・告別式の案内をします。

通夜ぶるまいの終わりのあいさつ

長女からのお礼のあいさつ

88歳 男性
・3年前に妻を亡くす
・持病はあったが最近は元気
・大正生まれの誠実な父親

話し手
喪主
長女

2分30秒

弔問のお礼

本日は夜遅くまで、父の通夜におつき合いくださいまして、ありがとうございます。照れ屋でもおつき合いが好きだった父でございますから、みなさまのお顔を拝見できてさぞ喜んでいることでしょう。

晩年の様子

3年前に母が亡くなり、一時は気落ちし持病の腰痛に苦しんでいた父でしたが、最近はデイサービスで知り合ったお友だちや職員のみなさまとの交流を通し、すっかり元気になったところでした。季節の変わりめにひいた肺炎を悪化させ帰らぬ人となりました。

厚誼のお礼

生前は大変お世話になり、あらためてお礼申し上げます。古いご友人の方から、父の若いころの話をお聞かせいただきました。今まで知らなかった文官時代の話をお聞きし、不器用なくらい誠実に生きた大正生まれの男の来《こ》し方《かた》に思いを巡らせました。

翌日の案内

明日の葬儀・告別式もありますので、このへんで終了させていただきます。お時間がございます方は、明日午後1時から始まる葬儀・告別式に、あわせてご参列くださいますようお願いいたします。

あいさつの流れ

①弔問のお礼
弔問してくれたことを故人に代わって感謝します。

②亡くなったときの様子
出席者に高齢者が多いときは、死亡の様子について生々しい表現は避けましょう。

③生前のよしみのお礼
みなさんから聞いた故人の話を通して、生前の厚誼に対してお礼を言います。

④葬儀・告別式の案内
葬儀・告別式の案内を述べ、続けて参列のお願いをします。

通夜ぶるまいの終わりのあいさつ

長男からのお礼のあいさつ

80歳 男性
・長い療養後に病死
・照れ屋な性格
・優しい一面を見せていた

話し手 **喪主 長男**

2分30秒

弔問のお礼

本日はお忙しいなか、父の通夜にご参列くださいまして誠にありがとうございました。みなさまのおかげをもちまして、滞りなく通夜を終了させていただくことができました。

厚誼のお礼

生前の父についていろいろなお話をお聞かせくださり、ありがとうございました。私ども家族も知らないような、父の優しい一面を伺うことができました。本人も今ごろ大いに照れていることと思います。父が生前、みなさまに大変親しくおつき合いいただいたこと、あらためてお礼申し上げます。また、入院中はたくさんの方にお見舞いいただき、ありがとうございました。故人に代わりまして厚くお礼申し上げます。

お開き

まだまだ父を偲《しの》んでいただきたいところでございますが、夜も更けてまいりましたので、本日はお開きとさせていただきます。

翌日の案内

なお、明日の葬儀・告別式は午後1時より当斎場にて予定しておりますので、お時間が許すようでしたら、お見送りいただければと存じます。どうぞお足もとに気をつけてお帰りください。

あいさつの流れ

①通夜のお礼
滞りなく終了できたことのお礼。

②厚誼へのお礼
故人を偲ぶことばを頂戴したことへのお礼と、生前の厚誼への感謝、入院中のお見舞いへのお礼などを述べます。

③葬儀・告別式の案内
葬儀・告別式の日程と場所、参列へのお願いを述べ、帰途へつく弔問客への配慮のことばで結びましょう。

通夜ぶるまいの終わりのあいさつ

世話役代表からのあいさつ

65歳男性
・65歳で急死
・にぎやかなことが好き
・たくさんの弔問客

話し手
世話役代表
友人

2分30秒

弔問のお礼

みなさま、世話役代表としまして、ひとことごあいさつを申し上げます。本日は急なことにもかかわらず、ごていねいなお悔やみをいただき、心より感謝申し上げます。おかげさまで通夜を無事すませることができましたこと、ご遺族、ご親族に代わりまして厚くお礼申し上げます。

人柄

故人はにぎやかなことが好きでしたので、このようにたくさんのみなさまにお集まりいただき、さぞ喜んでいることでしょう。

お願い

また、残された遺族に対しても励ましのことばをいただき、故人に代わりまして心よりお礼申しあげます。今後もみなさまのご支援、ご指導のほどお願い申し上げます。

終了のお知らせ

お話はつきませんが、遠方よりお越しの方もいらっしゃると存じます。このあとは、遺族のみなさまで故人を守るそうでございますので、このへんで終了させていただきたいと存じます。

翌日の案内

なお、葬儀・告別式は明日10時より、当ホールにて執り行います。ご都合がよろしければ、ご会葬いただきたいと存じます。

あいさつの流れ

①終了のあいさつは
「みなさま」とはじめに呼びかけ、きっかけをつくるとよいでしょう。世話役の立場に加えて、遺族の立場からも謝意を述べます。

▼

②遺族への支援の願い
残された遺族への支援・協力をお願いします。

▼

③終了のあいさつ
これでお開きにしたい旨をさりげなく伝えます。

▼

④葬儀・告別式の案内
葬儀・告別式の案内と、夜遅くなった弔問客の帰途にも気配りのことばを。

通夜ぶるまいの終わりのあいさつ

親族代表のあいさつ

36歳
男性

・心筋梗塞で急死
・友人が多かった
・短い人生だったが……

話し手
親族代表
兄

2分40秒

弔問のお礼

親族を代表いたしましてごあいさつを申し上げます。私は故人の兄でございます。本日は弟のためにお忙しいなかご弔問《ちょうもん》くださり、心よりお礼申し上げます。

死因

弟は一昨日激しい胸の痛みを訴え、すぐに救急車で病院に運ばれましたが、手当のかいなく心筋梗塞《しんきんこうそく》で亡くなりました。享年《きょうねん》36歳でした。

厚誼のお礼

生前、親しくおつき合いくださいましたみなさまからの、弟を偲《しの》ぶお話の数々、本当にありがとうございました。短い人生でしたが、弟にとってすばらしい方々とのお仕事、そしておつき合いをさせていただきましたことが、せめてもの救いであったのではないかと思います。ここであらためまして故人、遺族に代わり厚くお礼申し上げます。

翌日の案内

まだまだお聞きしたい話もたくさんありますが、明日のご予定もあるかと思いますので、どうぞご自由にお引き取りくださいませ。

なお、明日の葬儀・告別式は午前11時より予定しております。お時間がございましたら、見送っていただきたいと存じます。

あいさつの流れ

①弔問へのお礼と間柄
弔問客へ、帰るきっかけをうながすことばとお礼を述べ、故人との関係を述べます。

②死去までの報告
不測の死の場合、その経緯をさしさわりのない程度に伝えます。

③厚誼へのお礼
代理としての感謝の気持ちとお礼を述べます。

④終了のあいさつと葬儀・告別式の案内
締めと配慮のことば、案内を述べて結びます。

第3章

葬儀・告別式でのあいさつ

葬儀・告別式のあいさつのマナー

あいさつは出棺《しゅっかん》時に行うのが一般的

葬儀と告別式は、本来別の儀式です。葬儀は、個人の冥福《めいふく》を祈って遺族や近親者で行うもの、告別式は、友人・知人を含めた関係者が故人と最後のお別れをするためのものです。正式には葬儀と告別式は分けて行い、喪家のあいさつもそれぞれを終えた後に行います。

ただし現在では、葬儀と告別式を続けて行うのが一般的です。告別式を終えて出棺する際に、一度だけあいさつするスタイルが多くなっています。

うまく話すより心を込めて話す

喪家側のあいさつは、喪主または親族の代表者が行います。通夜でのあいさつと重複する部分があっても構いません。通夜には参列していない会葬者も多くいるからです。

喪家側のあいさつの目的は、故人にかわって、参列へのお礼や、生前お世話になったことに対するお礼を述べることです。

うまく話そうとする必要はありません。気持ちが乱れているのは当然のことですから、あれこれ話そうとせず、心をこめて感謝の気持ちを伝えれば十分です。

聞きとりやすいように、ゆっくりした口調を心がけ、ことばに詰まった場合は、焦らずに間をとりましょう。途中であいさつが続けられなくなった場合は、ていねいにおじぎをして切り上げてもかまいません。

敬語の使い分けや重ねことばに注意

あいさつをする場合、正しいことばづかいを心がけるのは最低限のマナーです。身内である故人に対しては謙譲語、他人に対しては尊敬語を使うのが基本。「返す返す」「ますます」など、不幸が続くことを連想させる「重ねことば」も、なるべく使わないほうがよいとされています。

ただし、ことばづかいや話し方ばかりにとらわれて、決まり文句をつなぎ合わせたようなあいさつになってしまうのも残念なものです。

完璧でなくても、自分自身のことばで語ることを心がけたほうが、参列者にも思いが伝わります。

故人を偲《しの》ぶエピソードを加える

あいさつをする前には、参列者にていねいにおじぎをします。

内容に厳密な決まりはありませんが、参列してくれたことや生前の厚誼《こうぎ》へのお礼は、必ず述べるようにします。亡くなった原因などについて述べるのも一般的ですが、死因に触れたくない場合や、思いだすと悲しみが増してつらいような場合は、あえて話す必要はありません。

参列者とともに故人を偲ぶなら、人柄などを表すエピソードなどを加えるとよいでしょう。

配偶者を亡くしたときのあいさつ

あいさつの冒頭で簡単に自己紹介を

故人の夫または妻があいさつをする場合、故人のパートナーとしての立場から参列者への感謝などを伝えることになります。

夫婦といっても、仕事の関係者やプライベートでつき合いのある友人のすべてと顔見知りであるわけではありません。初対面の人も多いことを考え、簡単に自己紹介をしてから、あいさつを始めましょう。

参列者が共感できるエピソードを選ぶ

故人の年齢や亡くなったときの状況にもよりますが、参列者に仕事の関係者が多い場合は、仕事でお世話になったことの感謝を述べましょう。友人・知人が多い場合は、生前、親しくしてくれたことへの感謝を伝えます。

悲しみや無念の思いが強くても、故人を責めたり否定的なことばかり言わないように注意することが大切です。故人にまつわるエピソードは、参列者も共感できるようなものを選びましょう。

これからの決意を述べるあいさつもある

また、配偶者が若くして亡くなった場合や子どもが幼い場合、故人のほかに家族がいない場合などには、参列者も残された家族のことを心配する気持ちが強いものです。参列者に必要以上に心配をかけないため、参列者への感謝や故人に関するエピソードに加え、この後も前向きに生きていこうという決意を示すひとことを添えると、参列者も安心できます。

配偶者を亡くしたときのあいさつ

お酒好きだった夫

68歳 男性
・若いころからお酒が好き
・居酒屋巡りが趣味
・明るく楽しい人柄だった

話し手
喪主
妻

2分30秒

参列のお礼

○○○○の妻の幸子でございます。本日はお忙しいなか、葬儀・告別式にお集まりくださいまして、誠にありがとうございました。

死去の報告

夫は11月15日の夜、心不全により、入院先の病院で息を引き取りました。享年《きょうねん》68歳でございました。

故人の人柄

夫は若いころからお酒が大好きで、退職後も毎週のように、親しい方々と居酒屋巡りを楽しんでおりました。ふだんはどちらかと言えば無口でしたが、飲むと冗談を言ったり物まねをしたりと、ひょうきんな面が顔を出していたようでございます。

家族の思い

にぎやかなお酒が好きな夫でしたから、今もきっと「さびしがっていないで、元気を出せ」と励ましてくれているような気がいたします。

参列のお礼

仕事を引退したあとまで、夫が楽しく充実した時間を過ごせたのも、親しくおつき合いいただいたみなさまのおかげです。夫に代わってお礼を申し上げ、簡単ですがごあいさつとさせていただきます。本日は、どうもありがとうございました。

あいさつの流れ

①参列へのお礼
簡単に自己紹介し、参列者へのお礼を述べます。

②死去の報告
死因や亡くなったときの様子については、簡単に触れる程度でかまいません。

③故人の思い出
人柄を偲ばせるようなエピソードや、家族の思いを。

④参列のお礼
生前、親しくしてくれた方に感謝の気持ちを伝え、参列のお礼を添えます。

若いころから病気がちだった妻

73歳 女性

・病弱の妻だった
・趣味は編みもの
・前向きな闘病生活

話し手
喪主
夫

2分30秒

参列のお礼

本日は、このような悪天候のなか、妻〇〇のためにお集まりいただきまして、誠にありがとうございました。おかげさまで滞りなく式も終了し、出棺《しゅっかん》の運びとなりました。

死去の報告

妻は若いころから病弱で、とくに8年ほど前からは入退院をくり返す生活が続いておりました。長く病気と闘ってまいりましたがついに力尽き、一昨日、帰らぬ人となりました。

故人の人柄

闘病中も明るさを失わなかった妻には、家族のほうが励まされることもしばしばでした。体調がよいときは家事のほか、趣味の編みものや、読み聞かせのボランティアなどにも打ち込んでおりました。

生前の厚誼のお礼

みなさまには、入院中、たくさんのお見舞いを頂戴《ちょうだい》いたしました。病院まで足を運んでくださったみなさまのお心づかいは、妻にとって何よりの励みとなっておりました。あらためて感謝いたします。今後とも、今までと変わりないご厚誼《こうぎ》を賜りますよう、お願い申し上げます。本日は、本当にありがとうございました。

あいさつの流れ

①参列へのお礼
参列者へのお礼。天候が悪いときなどは、気配りを示すひとことを添えても。

②死去の報告
病名などには具体的に触れなくても構いません。

③故人の思い出
人柄を偲ばせるようなエピソードを添えます。

④厚誼のお礼
生前、お見舞いに足を運んでくれた方などに感謝し、あらためて参列へのお礼のことばを添えます。

配偶者を亡くしたときのあいさつ

穏やかな死に顔だった夫

79歳男性

・死因は胃がん
・がん告知せず
・寡黙だが優しかった

話し手
喪主
妻
3分

参列のお礼

本日は厳しい暑さのなかを故○○○○の葬儀・告別式にご参列いただきまして、ありがとうございました。おかげさまで、滞りなく式を終えることができ、ここに出棺の運びとなりました。

故人が生前に賜りましたご厚誼に対しまして、故人に代わり心より感謝申し上げます。

死因と最期の様子

夫は3月11日午前2時3分、家族に看取られながら息を引き取りました。享年《きょうねん》79歳でした。死因は胃がんでした。私ども家族は本人に病名を知らせるかどうか迷いましたが、高齢だったため、結局告知はしませんでした。それが本当によかったのかわかりませんが、最期は穏やかな顔で人生の幕を下ろしました。あまり口数の多い人ではありませんでしたが、優しい父親であり、思いやりのある夫でした。

お礼

加療中は、ごていねいなお見舞いをいただき、ありがとうございました。また、本日は最後までお見送りいただきまして、ありがとうございました。今後もご厚誼を賜りますよう、よろしくお願い申し上げます。

あいさつの流れ

①**参列へのお礼**
暑いなかを参列してくれたことへのお礼と、無事に葬儀・告別式が終了したことを報告します。

②**故人の人柄**
闘病の様子や、故人の人柄、思い出話などを語ります。

③**見舞いへのお礼**
病院生活が長い場合には、見舞い客へのお礼を述べ、今後の厚誼をお願いします。

配偶者を亡くしたときのあいさつ

丈夫が取り柄だった夫

59歳 男性

・心臓発作で急逝
・元気が取り柄だった
・家族で力を合わせて

話し手
喪主
妻

2分30秒

参列のお礼

○○○○の妻・百合子でございます。本日は、ご会葬ありがとうございました。このように多くの方々にお別れをしていただきまして、夫も喜んでいることと思います。

死因

夫は一昨日、心臓発作を起こしまして、急逝《きゅうせい》いたしました。享年《きょうねん》59歳でございました。夫も無念だったと思いますが、長く苦しまなかったことがせめてもの救いだと思っております。

家族の思い

夫は、常々「丈夫が取り柄だ」と申しており、結婚以来30年、病気らしい病気をしたこともございませんでした。あまりにも急なことで、まだ気持ちの整理もついておりませんが、今後、家族で力を合わせて生きていくことが夫の供養《くよう》にもなると思っております。

厚誼のお礼

生前、夫が大変お世話になりましたこと、心から感謝いたします。また、今後とも変わらぬご厚情を賜りますよう、お願い申し上げます。

本日は、突然のことにもかかわらず、大勢のみなさまにご会葬いただき、ありがとうございました。

あいさつの流れ

①参列へのお礼
自己紹介と参列者へのお礼を述べます。

②亡くなった理由など
急死の場合、差し支えない範囲で死因や状況を伝えましょう。

③家族の思い
ショックを受けた気持ちだけでなく、前向きに生きていく決意のことばなどを添えると、会葬者に心配をかけずにすみます。

④厚誼と参列へのお礼
急死の場合、かけつけてくれたことに感謝することばも添えるとよいでしょう。

配偶者を亡くしたときのあいさつ

事故で亡くなった夫

48歳男性
・仕事中の事故死
・現場監督の就任直後
・子ぼんのうだった

話し手
喪主
妻

2分30秒

参列のお礼

ご参列のみなさま、本日は突然のことにもかかわらず、夫○○のためにご足労いただきまして、ありがとうございました。おかげさまで、無事に葬儀を執り行うことができ、出棺《しゅっかん》の運びとなりました。

死因

一昨日の朝、夫はいつものように工場へ出勤いたしましたが、思いもかけぬ落下事故により帰らぬ人となりました。享年48歳でした。

生前の様子

昨年工場の現場監督に就任したばかりで、これからという時の突然の事故でした。新しい仕事のために、毎日夜遅くまで勉強していた夫のことを思うと、私には、まだ信じられない気持ちでいっぱいです。

今後の決意

気持ちの整理がつくまでにはしばらく時間がかかりそうですが、これからは子どもたちとともに、夫の分まで元気で生きていきたいと思います。故人が生前に賜りましたご厚情に対しまして、心よりお礼申し上げます。そして今後とも変わらぬご支援を賜りますよう、お願い申し上げます。本日は最後までのお見送り、誠にありがとうございました。

簡単ですが、ごあいさつとさせていただきます。

あいさつの流れ

①参列者へのお礼
突然の出来事であるにもかかわらず、参列してくれたたくさんの人へお礼を述べます。

②事故の様子
突然の死の場合は、事情を簡単に説明します。まだ納得できない、信じられない気持ちは素直に語ってもよいでしょう。

③これからの決意
これからの決意を述べて、今後の厚情のお願いをします。

配偶者を亡くしたときのあいさつ

会社を起こして成功した夫

77歳 男性
・肝臓がんで他界
・30歳で会社を設立
・取引先や社員に感謝

話し手
喪主
妻

3分

参列のお礼

本日はご多用中のところ、〇〇〇〇の葬儀ならびに告別式にご参列いただきまして、誠にありがとうございました。私は、妻の俊子でございます。おかげさまで滞りなく式を終えることができ、ここに出棺《しゅっかん》の運びとなりました。また、先ほどは心のこもった弔辞《ちょうじ》をいただきまして、夫もさぞ喜んでいることと思います。

死因

夫は10月2日の朝、肝臓がんで他界いたしました。享年《きょうねん》77歳でございました。

故人の業績

夫は30歳で△△社を設立し、みなさまに支えられて仕事を続けてまいりました。頑固で無口でしたが、家では常々、取引先や社員の方々への感謝の気持ちを口にしておりました。会社をここまで成長させてくださったみなさまのお力を、だれよりも痛感していたのではないかと思います。

お礼

夫が生前賜りましたご厚情に、心よりお礼を申し上げます。これほど多くの方に温かく送っていただき、夫もいかつい顔をほころばせていることと思います。本日は、どうもありがとうございました。

あいさつの流れ

①参列へのお礼
自己紹介は、お礼のことばのあとに続けて行ってもかまいません。弔辞をいただいた場合は、必ずお礼のことばを添えます。

②亡くなった理由など
死因やなくなった状況を説明します。

③故人の業績
周囲の人への感謝のことばなども添え、故人の人柄も伝えます。

④厚誼と参列へのお礼
生前お世話になったことと、参列へのお礼を述べます。

配偶者を亡くしたときのあいさつ

会社が倒産した夫

65歳男性
・クモ膜下出血で死亡
・広告会社を起業
不況のため倒産

話し手
喪主
妻
3分

参列のお礼

葬送にあたり、ひとことごあいさつ申し上げます。故人の妻・明美でございます。本日はお忙しいところ、〇〇〇〇の葬儀・告別式にご参列いただきまして、ありがとうございました。おかげさまで式も無事に終了し、出棺の運びとなりました。

死因

夫は9月22日の朝、クモ膜下出血のため自宅で倒れ、病院へ運ばれましたが、間もなく息を引き取りました。享年65歳でございました。

生前の仕事

夫は10年前に早期退職後、かねてよりの念願だった広告制作会社を設立いたしました。当初は順調でしたが、ここ数年の不況の影響を受け、ついに昨年、経営がたちゆかなくなってしまいました。従業員のみなさまに多大なご迷惑をおかけしましたことを、本人は最後まで気に病んでおりました。夫に代わりまして、あらためてお詫びを申し上げます。

お礼

夫が生前、みなさまにひとかたならぬお世話になりましたこと、また、最後までお見送りくださいましたことに、心よりお礼を申し上げます。本日はどうもありがとうございました。

あいさつの流れ

①参列へのお礼
「葬送」とは、故人を墓所まで送ること。

②亡くなった理由など
死因やなくなった状況を説明します。

③故人や家族の思い
周囲の人に迷惑をかけるようなことがあり、その関係者が参列している場合などには、故人に代わってお詫びのことばなどを述べてもよいでしょう。

④厚誼と参列へのお礼
生前お世話になったことと、参列へのお礼を述べます。

配偶者を亡くしたときのあいさつ

人の世話ばかりしていた妻

75歳女性
・家族に見守られ旅立ち
・自分より人の世話を優先

話し手
喪主
夫
4分

参列のお礼

喪主として、ひとことごあいさつさせていただきます。本日はご多用のところ、また歳末のお忙しいときにもかかわらず、妻○○○○の葬儀・告別式にご参列いただきまして、ありがとうございました。このように多くの方々にお見送りいただき、妻も喜んでいることと思います。

最期の様子

妻は、12月23日の深夜、入院先で、心不全のために他界いたしました。享年《きょうねん》75歳でした。最期には子どもと孫も駆けつけ、家族がそろって見守るなか、やすらかに旅立ちました。

エピソード

妻は結婚以来、主婦としてしっかりと家庭を守ってきてくれました。気がやさしく、面倒見がよかった妻は、いつも自分のことを後回しにしてまで私や子どものことを気づかってくれました。今でも家族の話題に上るのが、初孫が生まれたときのことです。生来の世話好きが顔を出し、母親である娘が気づく前に、おしめの交換やおふろ、寝かしつけなど、孫の世話を何から何までしてしまいました。娘も最初は喜んでおりましたが、数日後にはあきれ顔で、「お母さんがいると、母親の仕事を覚えら

あいさつの流れ

①参列へのお礼
故人と自分の関係がわかるようなあいさつをし、参列へのお礼を述べます。

②亡くなったときの様子
亡くなった原因などを述べます。支障がある場合は、病名などを詳しく述べる必要はありません。

③故人を偲ぶエピソード
故人の人柄などを表すエピソードを述べます。

④お世話になった方への感謝
故人にまつわるエピソードにからめ、生前お世話になったことなどへの感謝を

れない」などとこぼしていたものです。

〔お世話になった方への感謝〕

また、地域の活動にも熱心で、毎年、恒例の夏祭りやバザーの時期には、はりきって準備をしていたことを思い出します。引っ込み思案だった妻を助けてくださる方々に恵まれ、いろいろなお手伝いをさせていただいておりました。妻にとってはどれもやりがいのある仕事だったようで、いつも楽しそうに取り組んでおりました。妻を気にかけ、支えてくださったみなさまに、この場を借りてお礼を申し上げます。

〔家族の思い〕

私たちの家庭が明るく楽しいものだったのは、妻の力によるところが大きかったと思います。妻のいない暮らしはさびしいものになるでしょうが、下を向いてばかりもいられません。娘たちも、母親を手本としてそれぞれよい家庭を築いており、私を「ジイジ」と慕ってくれる孫たちもおります。妻が見守ってくれていることを信じ、これからも家族で仲よく助け合っていこうと思います。

〔厚誼のお礼〕

生前、ひとかたならぬお世話になりましたみなさまに、妻に代わって心よりお礼を申し上げます。また、これからも変わらぬおつき合いのほどをお願いいたします。本日は、誠にありがとうございました。

伝えます。故人のすばらしさだけを伝えるより、参列者への気配りを感じさせます。

⑤残された家族の思い

参列者に必要以上に心配をかけないためにも、無念さや悲しみだけでなく、気持ちを整理して前向きに暮らしていこうという思いも伝えます。

⑥厚誼と参列へのお礼

生前の厚誼に感謝し、あらためて参列へのお礼を述べます。

配偶者を亡くしたときのあいさつ

がんで早世した妻

39歳 女性

- 健康診断でがんを発見
- 保育士として復職を願った
- 子どもはまだ幼い

話し手
喪主
夫

2分30秒

参列のお礼

本日はお忙しいところ、妻○○○○のお見送りにお越しいただき、ありがとうございました。私は夫の山口純一でございます。

死因

妻は2年前、健康診断で胃にがんが見つかりました。すぐに手術を受け、治療に努めてまいりましたが、病には勝つことができず、3月10日の深夜、39年の生涯を閉じました。

故人の思い

保育士だった妻は、復職をめざして治療を続けておりました。園の先生方と子どもたちが贈ってくださった手紙や寄せ書きは大切に保管し、何度も読み返しておりました。妻にとって、みなさまのお心づかいが何よりの励みとなっていたようです。本人に代わり、お礼を申し上げます。

厚誼のお願い

息子がまだ幼いこともあり、妻も心残りが多いことと思います。残された者として、息子を一人前に育てていくことが私の務めだと考えております。男手ひとつの子育てには至らぬことも多く、みなさまのご厚情におすがりすることも多いかと思います。今後とも、どうかご指導・ご協力をお願い申し上げます。本日は、どうもありがとうございました。

あいさつの流れ

① 参列へのお礼
参列者へのお礼を述べ、自己紹介をします。

② 亡くなった理由など
死因や亡くなった状況を説明します。

③ 故人や家族の思い
故人の思いを伝え、お見舞いなどをいただいた場合はお礼のことばを添えます。

④ 厚誼のお願い
生前お世話になったこと、参列へのお礼を述べ、今後の支援をお願いします。

配偶者を亡くしたときのあいさつ

神式でのあいさつ

67歳女性
・買い物帰りの事故死
・子どもたちは独立
・旅行に行きたかった

話し手
喪主
夫

2分30秒

臨席のお礼

突然の知らせにもかかわらず、妻○○○○の葬場祭《そうじょうさい》にご臨席いただきまして、ありがとうございました。心温まるおことばをたくさんいただき、故人の御霊《みたま》もさぞや喜んでいることと存じます。

事故による死

妻は一昨日の夕方、買い物に出かけた帰りに交通事故に遭い、帰らぬ人となりました。あまりに突然のことなので、いまだに信じられない気持ちでいっぱいです。子どもたちもそれぞれ独立し、2年前には夫婦ふたりだけの生活となり、ようやくひと息ついたところでした。

妻へのいたわり

決して豊かな生活とはいえず、妻には子育て中の家計のやりくりなどで、いろいろ苦労をかけてきました。

これからはふたりで旅行に行ったり、何か共通の趣味をさがして、老後を楽しもうと思っていた矢先だっただけに、残念でたまりません。

厚誼のお礼

生前は、みなさまにはひとかたならぬお世話になりました。故人に代わりまして、心よりお礼申し上げます。

今後とも変わらないご厚情を賜りますよう、お願い申し上げます。

あいさつの流れ

①参列へのお礼
葬場祭へ参列してくれた人へのお礼を述べます。「御霊」とはたましいの意味です。

②事故の様子
突然の事故の場合は簡単に様子を報告します。故人のエピソードも添えます。

③厚誼のお礼
生前に賜った厚誼へのお礼と、今後の厚誼へのお願いを述べます。

配偶者を亡くしたときのあいさつ

子どものいなかった妻を送る

74歳 女性

・専業主婦で子育て経験なし
・習いごとなどが楽しみ
・友人が多かった

話し手
喪主
夫

2分30秒

参列のお礼

この場をお借りいたしまして、みなさまにひとこと、お礼のごあいさつを申し上げます。本日は、妻○○○○の葬儀ならびに告別式にご参列いただき、ありがとうございました。生前、親しくしていただいたみなさまにお見送りいただき、妻も喜んでいることと思います。

死因

妻は数年前から肝臓病を患い、治療を続けておりましたが、一昨日、自宅で息を引き取りました。74年の生涯でした。

エピソード

残念ながら私どもには子どもがなく、私も仕事で月の半分は家を空けるような生活でした。さびしい思いをすることもあったと思いますが、妻はいつも明るく、居心地のよい家庭を作って私を支え続けてくれました。また、さまざまなサークル活動にも参加しており、今日は茶道、明日は合唱、などといつも楽しそうに飛びまわっておりました。

厚誼のお礼

妻が充実した人生を送れたのも、みなさまに親しくおつき合いいただいたおかげと、感謝しております。今後とも、どうか変わらぬおつき合いをお願いいいたします。本日はありがとうございました。

あいさつの流れ

①参列へのお礼
参列者へのお礼を述べます。

②亡くなった理由
死因や亡くなった状況を説明します。

③故人や家族の思い
故人の人柄を偲ぶエピソードや、家族の思いを述べます。

④厚誼と参列へのお礼
生前お世話になったことに感謝し、あらためて参列へのお礼を述べます。

配偶者を亡くしたときのあいさつ

子どものいなかった夫を送る

76歳男性
- 子どもがいなかった
- 金婚式の指輪の思い出
- 口ベタだったが……

話し手　喪主　妻

3分

参列のお礼

本日はお寒いなか、○○○○の葬儀・告別式にご参列いただき、誠にありがとうございました。おかげさまで、滞りなく式をすませることができました。私は妻の由紀江でございます。

死因

夫は一昨日、肺炎で亡くなりました。享年《きょうねん》76歳でした。

エピソード

私どもが結婚して、今年で51年めになります。残念ながら子どもには恵まれませんでしたが、家庭を大切にする夫と過ごせた年月は、とても幸せなものだったと感謝しております。金婚式を迎えた昨年、夫が私に指輪を贈ってくれました。ひとこと「ありがとう」と書かれたカードが添えられており、口ベタな夫らしいな、とひとりで笑ってしまったものです。今では夫の形見となってしまいましたが、この指輪をしている限り、夫が見守ってくれているものと信じて頑張ってまいりたいと思います。

厚誼と参列のお礼

夫が生前、みなさまからいただきましたご厚誼《こうぎ》に対し、故人に代わって心よりお礼を申し上げ、ごあいさつにかえさせていただきます。本日はお見送りいただき、ありがとうございました。

あいさつの流れ

①参列へのお礼
参列者へのお礼を述べます。厳しい気候のときなどは、気配りを示すひとことを添えます。

②亡くなった理由など
死因などには簡単に触れる程度でもよい。

③故人のエピソード
とくに妻が1人残される場合は、前向きな気持ちも示すことで参列者に安心してもらえます。

④厚誼と参列へのお礼
生前お世話になったことと、参列へのお礼を述べます。

配偶者を亡くしたときのあいさつ

ボランティア活動に励んだ夫

79歳 男性

・市役所に勤めていた
・定年退職後のボランティア
・最後まで前向きに生きた

話し手
喪主
妻

4分

参列のお礼

この場をお借りいたしまして、ご参列いただいたみなさまに、ひとことごあいさつを申し上げます。本日はお忙しいなか、夫○○○○のためにお集まりいただき、ありがとうございました。私は、妻の愛子でございます。おかげさまをもちまして、つつがなく式を終えることができ、出棺《しゅっかん》の運びとなりました。

死因と最期

夫は、4年ほど前から肝臓を患っておりました。治療のかいあって一時は快方に向かったのですが、2週間前に容体が急変し、緊急入院いたしました。病院でも手を尽くしていただいたのですが、病には勝てず、3月12日に永眠いたしました。享年《きょうねん》79歳でした。

エピソード

市の職員として働いておりました夫は、定年退職後、さまざまなボランティア活動に参加しておりました。お子さんの送迎や病院での介助のお手伝い、ボランティアセンターの広報誌づくりなど、毎日忙しそうに飛びまわっておりました。口では「40年以上も税金で給料をもらったのだから、恩返しをしないと叱られる」などと申しておりましたが、本音

あいさつの流れ

①参列へのお礼
参列へのお礼を述べ、簡単に自己紹介をします。

②亡くなったときの様子
亡くなった原因などを述べます。支障がある場合や、口にするのが辛い場合は、病名などを省略してもかまいません。

③故人を偲ぶエピソード
故人の人柄などを表すエピソードを述べます。できれば、悲しいことや辛いことだけではなく、明るさも感じさせる話題を選びます。

④お世話になったことへの感謝

充実した時間

厚誼と参列のお礼

を言えば、ふれあったみなさまから「ありがとう」と言っていただくことがうれしかったのだと思います。

　夫は、闘病中も決して弱気になることがありませんでした。体調がすぐれないときでも「送迎のメンバーが足りなくて困っているはずだから、早く元気にならないと」などと言いながらスケジュール帳を眺めている姿には、私のほうが元気づけられたものです。ボランティア活動の仲間として夫を受け入れてくださる方や、不器用ながら役に立とうとする夫を頼ってくださる方がいらっしゃったことが、気持ちの支えとなっていたのだと思います。みなさまのおかげで、夫は最後まで充実した時間を過ごすことができました。夫の人生をよりよいものにしてくださったみなさまに、心より感謝いたします。

　本日、このように多くの方々にお見送りいただけるのは、生前、夫が誠意を持って取り組んできたことへのご褒美《ほうび》のような気がいたします。夫がお世話になりましたみなさまに、心よりお礼を申し上げます。最後に、みなさまのご健勝をお祈りし、ごあいさつとさせていただきます。本日は、どうもありがとうございました。

　故人にまつわるエピソードにからめ、生前お世話になったことなどへの感謝を伝えます。故人や家族のことばかり語るより、参列者への気配りを感じさせます。

⑤厚誼と参列へのお礼
　生前の厚誼に感謝し、あらためて参列へのお礼を述べます。

親を亡くしたときのあいさつ

目上の人が多いことを意識する

子どもが喪主または親族代表としてあいさつをする場合に意識しておきたいのは、主な参列者に目上の人が多いということです。

年齢を重ね、社会経験も豊富な聞き手のことを考え、態度や表現には十分に注意します。

故人にまつわるエピソードは、子どもとして親を尊敬する思いが伝わるものを選びましょう。

あいさつの結びは、これまでの故人に対する厚誼《こうぎ》のお礼と、今後の指導や変わらぬおつき合いなどを願うことばなどを添えるとよいでしょう。

故人の年齢や状況によっては、子どもである自分とのつながりのある参列者のほうが多いこともあるかもしれません。でも、葬儀や告別式は、あくまで故人の冥福《めいふく》を祈り、最後のお別れをするためのものです。故人とより近い関係だった人にこそ、感謝の気持ちを伝えることを心がけましょう。

高齢の参列者が多い場合は気配りを

親が高齢だった場合、参列者にも高齢者が多くなります。亡くなった理由や闘病中の様子を語る場合は、ことば選びにも注意が必要です。

死や病気は、デリケートな問題です。自分にとっては気にならなくても、高齢者には不快感を与える可能性があることを忘れずにあいさつをしましょう。故人の最期の様子によりますが、死因や亡くなったときの状況について、あまりくわしく述べないほうがよいこともあるでしょう。

親を亡くしたときのあいさつ

実業家として苦労した父

90歳男性
・事業家として活躍
・倒産したが復活
・会社を上場させる

話し手
喪主
長男

3分

参列のお礼

本日はこのような悪天候のなかを亡き父、〇〇〇〇の葬儀・告別式にご参列いただき、ありがとうございます。おかげさまで滞りなく式を終えることができ、ここに出棺《しゅっかん》の運びとなりました。

波乱万丈の人生

この悪天候を迎え、「ああ、父の葬儀にふさわしい」と感じたのは私だけではないかもしれません。戦後すぐに事業を起こし倒産すること3回。それにもめげず4回事業を立ち上げて最後は会社を上場するまで発展させました。3回の倒産では、今日ご参列いただいた方にも大きなご迷惑をおかけしたことでしょう。それでも、立ち上がったエネルギーに息子ながら、今はただ感心するばかりです。

今後のお願い

倒産のときばかりでなく、事業を進めていくなかで、みなさまには多大なご迷惑をおかけし、多大なご恩を受けたことと存じます。父に代わりまして、生前賜りましたご厚誼にあらためて感謝しお礼申し上げます。

また、今後とも父の起こしたこの△△建設をよろしくお願いいたします。本日はご参列ありがとうございました。

あいさつの流れ

①参列のお礼
悪天候にもかかわらず参列してくれた弔問客にお礼を述べます。無事、式を終え出棺に至れた報告とお礼を述べます。

②故人の思い出
故人の業績や人柄などをエピソードを交えて語ります。身内ですからほめすぎない程度。ただし故人をおとしめる話は厳禁。

③厚誼へのお礼
故人へのこれまでの厚誼へのお礼と遺族への今後の引き立てをお願いします。

親を亡くしたときのあいさつ

職人として仕事ひと筋だった父

78歳 男性

- 和菓子職人だった
- プライドの高い職人
- 厳しい人だった

話し手

喪主	
長男	

2分30秒

参列のお礼

遺族を代表し、ひとことごあいさつを申し上げます。本日はお忙しいなか、父○○○○のためにお集まりいただき、誠にありがとうございました。心のこもった弔辞もいただき、父も喜んでいることと思います。

最期

父は9月1日の夜、入院中の病院で78年の生涯を終えました。家族に見守られ、眠るようにやすらかな最期でございました。

エピソード

父は一職人として、約60年もの間、和菓子ひと筋に打ち込んでまいりました。家庭ではとてもやさしかった父ですが、25年前、私が会社勤めをやめて家業を継ぎたいと申し出たときは、「職人の仕事を甘く見るな」と、2年以上、弟子入りを許してくれませんでした。その厳しさは、父の職人としてのプライドそのものだったのだと思います。

支援のお願い

父に教わっておきたかったことはたくさんありますが、これからも精一杯精進し、和菓子職人として成長していくことが父の供養《くよう》にもなると思っております。みなさまには、父の生前と変わらぬご指導・ご鞭撻《べんたつ》を賜りますよう、お願いいたします。本日は、ありがとうございました。

あいさつの流れ

①参列へのお礼
自分の立場と、参列者へのお礼を述べます。弔辞をいただいた場合は、お礼のことばを添えます。

②亡くなったときの様子
病名などには触れなくてもかまいません。

③故人の業績や人柄
父として、また、仕事の師匠としての顔を偲ばせるエピソードを。

④支援のお願いと参列へのお礼
後継者として今後の支援をお願いし、参列へのお礼を述べます。

親を亡くしたときのあいさつ

花好きだった母親

85歳 女性
・花が好き
・やさしい人柄
・早春が好き

話し手
喪主
長男

2分30秒

参列のお礼

本日はお忙しいなか、故○○○○の葬儀・告別式にご参列賜りまして、誠にありがとうございます。おかげさまで式を滞りなく済ませることができました。

親族を代表しまして、私、長男の敬一郎からみなさまへお礼のごあいさつを申し上げます。

故人の趣味・人柄

母は花が好きで、庭はいつも季節の花でにぎわっていました。通りかかるご近所の方から褒められるのを励みに、丹精を込めておりました。父を亡くしてからは、こうした花づくりを通して、いろいろな方とおつき合いいただき、楽しい老後を送れたのがなによりだったと思います。

これも、みなさまのおかげと感謝申し上げます。とくに母はかたくりの花が開く早春が大好きで、この季節に天国に召されたのも、花を愛した母らしいと感じています。

お願い

みなさまには、これからも変わらないご厚情をお願いいたしまして、ごあいさつとさせていただきます。

あいさつの流れ

①参列のお礼
「親族を代表して」参列いただいたお礼を述べます。自分がどういう立場か簡単な自己紹介をします。

②故人の思い出
お別れの前に、人柄や趣味が伝わるようなエピソードを紹介し、故人を偲びます。

③厚誼のお願い
母亡き後もよしみが続くようにお願いするのが、一般的なあいさつの締め方です。

父が早く亡くなり、苦労が多かった母

82歳 女性

・胃がんで死亡
・若いうちに夫と死別
・厳しくやさしい母だった

話し手 **喪主 長男**

3分

参列のお礼

この場をお借りして、みなさまにひとことごあいさつを申し上げます。本日はお忙しいなか、母○○○○の葬儀・告別式にご参列いただき、ありがとうございました。私は、長男の弘一郎でございます。

最期

母は昨年より胃がんで入院しておりましたが、8月3日の午後、他界いたしました。享年《きょうねん》82歳でございました。

エピソード

私どもの家では、早くに父を亡くしております。そのため、私が小学2年生のときから、母がひとりで私と弟を育ててくれました。普段はやさしく物静かでしたが、他人に迷惑をかけたときだけは驚くような大声で怒鳴り、板の間に正座をさせられました。自分も親となった今では、母が父親の役割まで果たそうと、あえて厳しく叱ってくれたのだということがわかります。母の親心に、ただ感謝するばかりです。

厚誼のお礼

生前、お世話になったみなさまに、母に代わってお礼を申し上げます。また、今後も変わらぬご厚情を賜りますよう、お願い申し上げます。本日は、誠にありがとうございました。

あいさつの流れ

①参列へのお礼
簡単に自己紹介をし、参列者へのお礼を述べます。

②亡くなった理由など
死因や亡くなった状況を説明します。

③故人や家族の思い
故人の人柄を偲ぶエピソードや家族の思いを述べます。エピソードは、参列者も共感できるようなものを選ぶとよいでしょう。

④厚誼と参列へのお礼
生前お世話になったことと、参列へのお礼を述べます。

親を亡くしたときのあいさつ

苦労して育ててくれた父

77歳男性
・若いうちに妻と死別
・2人の娘を育てた
・手づくりケーキの思い出

話し手
喪主
長女

3分

参列のお礼

本日は、父○○○○の葬儀・告別式にご参列いただき、ありがとうございました。私は長女の佳代子でございます。お足元の悪いなか、またお休みにもかかわらず、多くの方にお集まりいただき、父も喜んでいることと思います。

厚誼のお礼

私どもの家は、母を早くに亡くした父子家庭でした。娘2人を抱え、父には苦労も多かったことと思いますが、男手ひとつで私と妹を育て上げてくれました。また、ここにお集まりのみなさまにもお力をお借りし、いろいろと助けていただきました。この場を借りてお礼を申し上げます。

エピソード

父との思い出は数え切れないほどありますが、なかでも忘れられないのが妹の15歳の誕生日のことです。父は朝からキッチンに閉じこもり、大きなバースデーケーキを作ってくれたのです。ケーキを前に、得意そうに笑う父といっしょに撮った記念写真は、私たち姉妹の宝ものです。

締めくくり

本日は最後までお見送りいただき、ありがとうございました。みなさまのご健勝をお祈りし、ごあいさつとさせていただきます。

あいさつの流れ

①参列へのお礼
簡単に自己紹介をし、参列者へのお礼を述べます。天候が悪かったり、休日だったりする場合は、気配りを示すひとことを。

▼

②厚誼へのお礼
父ひとりで子育てをするにあたり、父や自分たちがお世話になったことに感謝する気持ちを伝えます。

▼

③故人や家族の思い
故人の人柄を偲ぶエピソードを述べます。

▼

④締めくくりのあいさつ
あらためて参列へのお礼を述べます。

親を亡くしたときのあいさつ

6人の子どもを育ててくれた母

80歳 女性

・6人の子を育てた
・やさしくておおらか
・働き者だった

話し手
遺族
長男

2分30秒

参列者のお礼

本日はお忙しいなか、母のためにお集まりいただきまして、誠にありがとうございました。私は、○○○○の長男、一雄でございます。喪主《もしゅ》であります父が高齢のため、私が代わってごあいさつ申し上げます。

最期

母は3月2日の朝、家族に見守られて永眠いたしました。4年前より病気と闘ってまいりましたが、最期は穏やかに旅立ちました。

エピソード

私どもの家族は、両親に子どもが6人の大所帯でした。決して裕福ではなく、父も母も働きづめでしたが、母のおかげで、家族には笑いが絶えませんでした。料理をしながら、大声であまりうまくない歌をうたったり、子どもといっしょになって暗くなるまで野球をしたり…。やさしくおおらかな母は、家族の中心であり、頼れるまとめ役でした。

厚誼のお礼

生前、母がお世話になったみなさまに、故人に代わってお礼を申し上げます。最後までお見送りいただき、母もさぞ喜んでいることと思います。今後とも私どもに変わらぬご厚情を賜りますよう、お願い申し上げます。

本日は、ありがとうございました。

あいさつの流れ

①参列へのお礼
参列者へのお礼と故人との関係を述べます。喪主以外があいさつする場合は、その理由も簡潔に。

②亡くなったときの様子
亡くなったときの様子を伝えます。病名などには触れなくてもかまいません。

③故人や家族の思い
故人の人柄を偲ぶエピソードを述べます。

④厚誼と参列へのお礼
これまでのおつき合いに感謝し、あらためて参列へのお礼を述べます。

親を亡くしたときのあいさつ

農家に嫁いできた母

86歳 女性
・肺炎により死亡
・都会から農家に嫁いだ
・欠かさなかった日記

話し手
喪主
長女

3分

参列のお礼

本日は暑さがきびしいなか、〇〇〇〇の葬儀・告別式にご参列いただき、ありがとうございました。私は、長女の幸子でございます。おかげさまで滞りなく式を終えることができ、ここに出棺《しゅっかん》の運びとなりました。

最期

母は一昨日の朝、肺炎で息を引き取りました。享年《きょうねん》86歳でした。

エピソード

母が東京からこの地に嫁いでまいりましたのは、65年前のことです。亡くなる直前まで畑仕事をしていた母ですが、専業農家の暮らしになじむまでには、大変な努力を重ねたようです。母は毎日、欠かさず日記をつけ、その日の作業を記録しておりました。「仕事を覚えるために、結婚した次の日からつけているの」と話してくれたことを思い出します。今は形見となったたくさんの日記帳は、母を偲《しの》ぶ品であると同時に、家業を継いだ私を助けてくれる貴重な記録でもあります。

厚誼のお礼

これまで母を支え、見守ってくださったみなさまに、心よりお礼を申し上げます。今後とも変わらぬご指導・ご鞭撻《べんたつ》を賜りますよう、お願いいたします。本日は、どうもありがとうございました。

あいさつの流れ

①参列へのお礼
参列者へのお礼を述べ、自己紹介をします。

②亡くなったときの様子
亡くなったときの様子を伝えます。

③故人や家族の思い
故人の人柄を偲ぶエピソードや、家族の思いを述べます。

④厚誼と参列へのお礼
これまでお世話になったことを感謝し、あとを継いだ者として今後の支援をお願いします。

親を亡くしたときのあいさつ

スポーツが大好きだった父

80歳男性
・野球とテニスが好き
・少年野球チームのコーチ
・スポーツを通した友人たち

話し手
喪主
長男

3分

参列のお礼

本日は、父○○○○の葬儀・告別式でご焼香《しょうこう》くださいまして、ありがとうございました。出棺《しゅっかん》に際し、長男の私から、みなさまにひとことごあいさつを申し上げます。

最期

父は3月11日の朝、××病院で他界いたしました。その3日前に倒れて入院し、そのまま意識が戻ることもありませんでした。家族としては、あっけない最期を受け入れがたいような思いもありますが、本人にとっては、長く苦しまずにすんだことが救いとなったかもしれません。

エピソード

スポーツ好きだった父は、若いころから地域のサークルで野球やテニスを楽しんでおりました。退職後はコーチとしてリトルリーグの活動もお手伝いしており、チームが試合に勝った日などは、機嫌よく晩酌をしながら、子どもたちのプレーの様子を話してくれたものでした。

厚誼のお礼

みなさまとスポーツを楽しむことは、父の何よりの喜びでした。すばらしい時間をともに過ごしてくださったみなさまに心よりお礼を申し上げ、ごあいさつとさせていただきます。本日はありがとうございました。

あいさつの流れ

① **参列へのお礼**
参列者へのお礼を述べ、自己紹介をします。

② **亡くなったときの様子**
亡くなったときの様子を伝えます。急に亡くなったときは、差し支えない範囲で死因などに触れたほうがよいでしょう。

③ **故人や家族の思い**
故人の人柄を偲ぶエピソードを述べます。

④ **厚誼と参列へのお礼**
生前お世話になったことと、参列へのお礼を述べます。

親を亡くしたときのあいさつ

心臓に持病があった母

86歳 女性
・自宅で倒れて死亡
・苦しんだ様子はない
・お琴を習っていた

話し手
喪主
長男

2分30秒

会葬のお礼

遺族を代表してひとことごあいさつ申し上げます。私は故○○○○の長男で晶夫と申します。本日はお忙しいなかをご会葬いただきまして、ありがとうございました。おかげさまで、無事に葬儀を執り行うことができ、出棺の運びとなりました。

突然死

母○○は、5月17日午前6時30分ごろ、心不全のため、自宅で逝去《せいきょ》いたしました。享年《きょうねん》86歳でした。もともと心臓に持病があったため、日常生活でも人一倍気をつけていたようなのですが、夜中、トイレから戻ったあと、倒れ込むようにして、そのまま亡くなっていました。

苦しんだ様子がなかったのが、せめてもの救いです。

生前の様子

3年前に父が亡くなってからは、しばらく落ち込んでいて、家族は心配したものでした。しかし、最近は好きな楽器の琴を習いはじめて、元気を取り戻していただけに残念です。

厚誼のお礼

亡き母に代わりまして、生前に賜りましたご厚誼《こうぎ》にあらためてお礼申し上げます。本日は誠にありがとうございました。

あいさつの流れ

①会葬へのお礼
忙しいなかを会葬してくれた人へのお礼と、出棺の知らせを告げます。

②最期の様子
最期の様子を差し支えない範囲で語ります。エピソードなども添えるとよいでしょう。

③厚誼への感謝
故人が生前に受けた厚誼への感謝の意を述べます。最後にあらためて参列のお礼を述べて結びます。

親を亡くしたときのあいさつ

音楽好きだった父

79歳 男性
- 音楽を聴きやすらかな最期
- 市民オーケストラに参加「下手だけど楽しい」

話し手
喪主 長女

3分

参列のお礼

本日はご多用中にもかかわらず、父〇〇〇〇の葬儀・告別式にご参列いただきまして、ありがとうございました。私は、長女の静江でございます。おかげさまで式も無事に終了し、出棺《しゅっかん》の運びとなりました。

最期

父は、9月29日、79年の生涯を終えました。大好きだったクラシック音楽を聴きながらの、やすらかな最期でございました。

エピソード

音楽を愛した父は、50歳を過ぎてからトランペットを習いはじめ、定年退職後、市民オーケストラの一員として演奏を楽しむようになりました。自宅でも楽器の手入れをしたり、楽譜を見たりしながら、「ヘタだけど、楽しいんだよなあ」と目を細めていたものです。発表会の日、緊張のあまり楽器を持たずに自宅を出てしまい、会場から「楽器を忘れた！」と電話をかけてきて家族をあわてさせたこともありました。

厚誼のお礼

みなさまといっしょに音楽を語り、演奏を楽しんだ10数年間は、父にとって最良の時間だったと思います。生前のご厚誼《こうぎ》に、心よりお礼を申し上げます。本日は、誠にありがとうございました。

あいさつの流れ

①参列へのお礼
参列者へのお礼を述べ、自己紹介をします。

②亡くなったときの様子
亡くなったときの様子を伝えます。病名などは詳しく述べなくてもかまいません。

③故人を偲ぶエピソード
故人の人柄を偲ぶエピソードを述べます。

④厚誼と参列へのお礼
生前お世話になったこと、参列へのお礼を述べます。

親を亡くしたときのあいさつ

たくさんの教え子がいた父

83歳 男性
・肺炎のため死亡
・公立中学の教員だった
・多くの教え子に慕われて

話し手
喪主
長男

2分30秒

参列のお礼

○○○○の長男、誠でございます。本日はお忙しいなか、ご参集くださいまして、ありがとうございました。おかげさまで、滞りなく式を行うことができました。

最期

父は一昨日の深夜、肺炎で他界いたしました。享年《きょうねん》83歳でした。

エピソード

父は約40年間、公立中学の教員として働いてまいりました。教え子のみなさまから学校での様子を伺うと、まじめで几帳面な一方、授業中につまらないシャレを連発することで有名な名物教師でもあったようです。生徒さんたちとのつながりをとても大切にしており、クラス会や飲み会に呼んでいただいたときなどは、必ず前日に名簿や卒業アルバムで参加される方のお名前とお顔をチェックしておりました。

厚誼のお礼

本日は、教え子だった多くの方々にもお見送りいただき、父もさぞ喜んでいることと思います。お世話になったみなさまにお礼を申し上げるとともに、ご健勝と今後のご活躍をお祈りし、ごあいさつとさせていただきます。本日は、どうもありがとうございました。

あいさつの流れ

①参列へのお礼
参列者へのお礼を述べ、自己紹介をします。

②亡くなったときの様子
亡くなったときの様子を伝えます。

③故人を偲ぶエピソード
参列者に教え子が多いなら、教員としての父を偲ぶエピソードを選ぶとよいでしょう。

④厚誼と参列へのお礼
あらためて参列へのお礼を述べます。参列者に若い人も多い場合は、今後の活躍を祈るひとことを添えてもよいでしょう。

絵画サークル活動に励んだ母

86歳 女性

・絵画サークルに所属
・趣味を通した友人
・故人の絵を飾った葬儀

話し手
喪主
長男

3分

参列のお礼

ご会葬いただきましたみなさまに、ひとことごあいさつを申し上げます。私は、○○○○の長男、正雄でございます。本日は雨のなか、母のためにお集まりいただきまして、誠にありがとうございました。

エピソード

60歳まで会社員として働いていた母ですが、退職後の楽しみとなったのが油絵です。絵画サークル「△△の会」にも仲間入りさせていただき、熱心に勉強しておりました。もともと凝り性だったこともあり、あるときなどは夕飯の材料のじゃがいものスケッチを始めてしまい、そのせいで「じゃがいも抜きの肉じゃが」が食卓に並んだこともあったほどです。半年に一度の絵画展の準備や美術館巡り、スケッチ旅行など、あらゆる活動が母にとっては楽しみであり、元気の源となっていたようです。

厚誼のお礼

本日は会場内に、母が最後に描いた作品を飾らせていただきました。絵の先輩であるみなさまにご覧いただき、母を思い出していただければ、これほどうれしいことはございません。生前、母がお世話になりましたこと、心より感謝いたします。本日はありがとうございました。

あいさつの流れ

①参列へのお礼
参列者へのお礼を述べ、自己紹介をします。悪天候の場合などは、気配りを示すひとことをそえましょう。

②故人を偲ぶエピソード
故人の人柄をよく表し、参列者も共感できるものを選びます。

③厚誼と参列へのお礼
あらためて参列へのお礼を述べます。

親を亡くしたときのあいさつ

キリスト教式でのあいさつ

85歳 女性
・夫と営んだそば店
・さっぱりした気性
・お客さんに慕われた

話し手
喪主
長男

2分30秒

参列のお礼

○○○○の長男、健太でございます。本日はお忙しいなか、お集まりいただきまして、ありがとうございます。母のためにお心のこもったお祈りをしていただき、心よりお礼を申し上げます。

最期

母は4月8日の深夜、天に召されました。本日、こうして牧師さまをはじめ多くのみなさまに見守られて神のみもとに昇り、永遠の安らぎを得たことと思います。

エピソード

母は結婚以来、父とふたりで家業のそば店を切り回してまいりました。さっぱりした気性の母を慕ってくださるお客さまも多く、「タエおばちゃん」と呼ばれる人気者でした。仕事を引退してからも、古くからのお客さまと食事をしたり、小旅行に出かけたりと、楽しいおつき合いを続けさせていただいていたようです。

厚誼のお礼

母がいつも笑顔でいられたのも、親しくおつき合いしてくださったみなさまのおかげです。生前のご厚誼《こうぎ》に心より感謝いたします。本日は、誠にありがとうございました。

あいさつの流れ

①参列へのお礼
参列者へのお礼を述べ、自己紹介をします。

②亡くなったときの様子
「他界」「永眠」などの仏教用語は使いません。また聖職者の呼び方は、プロテスタントなら牧師、カトリックなら神父です。

③故人を偲ぶエピソード
キリスト教の場合、死とは魂が神の元へ帰ることを意味するので、悲しみばかりを強調するのは避けます。

④厚誼と参列へのお礼
あらためて参列へのお礼を述べます。

親を亡くしたときのあいさつ

生涯現役で仕事をした父

71歳男性

・42歳で独立し起業
・仕事に打ち込む父の姿
・周りの人への感謝が第一

話し手
遺族
長女

5分

参列のお礼

本日はお忙しいなか、父○○○○の葬儀・告別式にご参列いただきまして、ありがとうございました。また、先ほどは心温まるお別れのあいさつを頂戴《ちょうだい》し、父もさぞ喜んでいることと思います。おかげさまで、滞りなく式を終えることができました。

自己紹介

申し遅れましたが、私は故人の長女・純子でございます。喪主であります母・泰子が体調を崩しておりますので、私が代わってごあいさつ申し上げます。

最期の様子

父は1週間前、体調がすぐれずに病院へ行き、そのまま入院いたしました。本人も家族も回復を信じていたのですが、一昨日の朝、容体が急変し、家族の到着も待たずに息を引き取りました。享年《きょうねん》71歳でした。突然のことでまだ気持ちが乱れておりますが、長く苦しまなかったことがせめてもの幸いだったと、自分に言い聞かせております。

父の人生は、まさに仕事ひと筋でした。42歳で△△社を立ち上げて以来、入院する前日まで仕事を続けておりました。若いころは毎日帰宅が遅く、

あいさつの流れ

①参列へのお礼
参列や、弔辞へのお礼を述べます。

②自己紹介
故人との関係がわかるような自己紹介をします。喪主以外の人があいさつをする場合は、簡単に事情を説明します。

③亡くなったときの様子
亡くなった原因などを述べます。支障がある場合は、病名などを詳しく述べる必要はありません。

④故人を偲ぶエピソード
故人の人柄などを表すエピソードを述べます。抽象

エピソード

休みもあまりとれないような生活でした。私や弟は、父と過ごす時間が短いことに不満を感じたこともありましたが、中学生になるころには、一途に仕事に打ち込む父を格好いいと思うようになりました。私たちがせがむと、「今日はアメリカの会社に新製品をたくさん売った」「今日は新商品を何色にするかで、会社の人とけんかをした」などと、おもしろおかしく仕事の話をしてくれることもありました。仕事について語るときの父は本当に生き生きしており、子ども心に、仕事は父の生きがいのひとつなのだ、と感じたことを覚えております。

お世話になった方への感謝

　私が就職したとき、父は「ひとりで仕事ができる人はいない」ということばを贈ってくれました。仕事の場で自分が常に周りの方々に支えられてきたことに対する感謝と喜びから出た、重みのあることばだと思います。父が生涯現役を貫くことができたのは、これまでともに歩み、支えてくださったみなさまのおかげです。父に代わってお礼を申し上げます。

厚誼のお礼

　生前、父が賜りましたご厚誼《こうぎ》に、心より感謝いたします。今後も、父の存命中と同様におつき合いさせていただけましたら幸いです。本日は、寒さが厳しいなかお見送りいただき、ありがとうございました。

的な話より、具体的なエピソードを1～2話選んで語ったほうが、参列者にも話の内容がよく伝わります。

⑤お世話になった方への感謝

故人にまつわるエピソードにからめ、生前お世話になったことなどへの感謝を伝えます。

⑥厚誼と参列へのお礼

生前の厚誼に感謝し、あらためて参列へのお礼を述べます。気候が厳しい場合などは、参列者を気づかうひとことを添えてもよいでしょう。

親を亡くしたときのあいさつ

家業の後継者として

68歳男性
・肝硬変のため死亡
・家業は酒屋
・商店街の仲間と交流

話し手
遺族
長男

2分30秒

（お礼）

本日は大変お寒いなかを、お集まりいただき、おかげさまをもちまして、葬儀ならびに告別式を滞りなく執り行うことができました。

（最期）

父は1月30日の夜、病院にて肝硬変のため死去いたしました。68歳でした。入院中は治療薬の副作用のため、苦しむこともございましたが、最期は家族が見守るなか、眠るように息を引きとりました。

（生前の活躍ぶり）

元気なころは田島酒店の主人として、忙しい毎日を送っておりました。商店街のさまざまなイベントにも、自称、企画部長として積極的に参加しておりました。私はといえば、経営の一部を任されてはいたものの、父には頭が上がらない毎日でした。病気になってからも、父はいつも店のことを気にかけていました。本当に頼りない息子だったと思います。

（後継者としての決意）

これからは、父の後を継ぎ、しっかりと店を守っていかなければならないと、決意を新たにしております。父の生存中は、商店街のみなさまをはじめ、多くの友人の方にお世話になりまして、ありがとうございました。そして、今後とも変わらぬご厚誼をよろしくお願いいたします。

あいさつの流れ

①参列へのお礼
忙しいなかを葬儀に参列していただいたことへのお礼と、無事に葬儀が終了したことの報告をします。

②故人の家業
最期の様子を語ります。さらに故人の人柄にふれながら、家業に注いだ情熱を紹介します。

③決意と厚誼のお願い
家業の後継者としての心構えを語り、これまで以上の厚誼をお願いします。

自由葬でのあいさつ

71歳女性
- にぎやかなことが大好き
- バラとショパンが好き
- 本人の遺志で行う葬儀

話し手
喪主
長男

3分

参列のお礼

本日は母の葬儀・告別式に大勢のみなさまにお集まりいただきまして、ありがとうございます。母の○○は、にぎやかなことが大好きな人だったので、天国でさぞや喜んでいることと思います。母に代わりまして、心よりお礼申し上げます。

遺志の紹介

母○○は5月29日午後3時5分、入院先の病院で息を引き取りました。享年《きょうねん》71歳でした。このたびの葬儀は、母の遺志を尊重し、葬儀場に母の大好きだったバラの花の祭壇《さいだん》をしつらえ、ＢＧＭに母の好きだったクラシック音楽を流しました。

自由葬の理由

母は入院してからは、万が一の場合のこととして「自分が死んだら白い菊ではなく、バラで祭壇を造って、そして大好きなショパンの曲を流してほしい」と申しておりました。父は3年前に他界しておりますが、兄妹で話しあった結果、遺言《ゆいごん》どおり、本日の運びとなりました。

厚誼のお願い

生前は母へご厚情を賜り、ありがとうございました。残された私たちにも変わらないご厚情を賜りますようお願い申し上げます。

あいさつの流れ

①出席者へのお礼
故人を偲ぶ会に出席してくれた人へのお礼を述べます。

②故人の遺志
自由葬が故人の遺志であることを明らかにしたうえで、遺族とともに偲んでもらうほうが、会葬者にも受け入れられやすいでしょう。

③厚情のお願い
生前の厚誼に感謝し、今後の厚情をお願いします。

交通事故で亡くなった父

59歳
男性

・交通事故による死
・最期の別れができず
・退職後の喫茶店経営が夢

話し手
喪主
長女

2分30秒

参列のお礼

本日は突然のことにもかかわらず、また寒さが厳しいなか、父○○○○の葬儀・告別式にご参列いただきまして、ありがとうございます。私は、長女の良子でございます。

死因と最期

父は一昨日の朝、交通事故で他界いたしました。享年《きょうねん》59歳でした。連絡を受けて駆けつけたときには、すでに帰らぬ人となっておりました。家族としては、最後のことばも交わせなかったことが残念でなりません。

エピソード

父は来年、38年勤めた会社を定年退職して、以前からの夢だった喫茶店を開くことを楽しみにしており、準備も進めていたようです。

家族の思い

これから、という時期ですから、父にとっても不本意なことと思います。残された私たちもまだ心の整理がついていない状態ですが、これからは家族で助け合って前向きに暮らしていくことが、父への感謝を表すことにもなると思っております。

厚誼のお礼

父がみなさまから賜りましたご厚誼《こうぎ》に、心よりお礼を申し上げます。

本日は、どうもありがとうございました。

あいさつの流れ

①**参列へのお礼**
突然の葬儀・告別式に参列してくれたお礼を述べ、自己紹介をします。

②**亡くなったときの様子**
急死の場合は、死因などの事情を説明します。

③**故人を偲ぶエピソード**
故人の人柄を伝えるエピソードを述べます。

④**家族の思い**
悲しみだけでなく、前向きな気持ちも示します。

⑤**厚誼と参列へのお礼**
あらためて参列へのお礼を述べます。

親を亡くしたときのあいさつ

水害で亡くなった母

68歳女性
・旅先の水害で亡くなった
・小旅行が好きだった
・家族は混乱するばかり

話し手
喪主
長男

2分30秒

参列のお礼

この場をお借りいたしまして、みなさまにひとことごあいさつを申し上げます。本日はご多用のところ、母〇〇〇〇の葬儀・告別式にご参列いただきまして、ありがとうございました。おかげさまで滞りなく式を終えることができ、これより出棺《しゅっかん》の運びとなりました。

死因

ご存じの方もいらっしゃると思いますが、母は先日、旅先で急逝《きゅうせい》いたしました。集中豪雨によるがけ崩れで宿泊中の旅館が倒壊したためです。

エピソード

旅が好きだった母は、時間を見つけては小旅行に出かけておりました。今回の旅の出発前にも、ガイドブックや時刻表を広げ、楽しそうに計画を立てていた姿が思い出されます。

家族の思い

あまりにも急な最期で、母にも思い残すことがあるかもしれません。家族もまだ混乱しておりますが、今はただ冥福《めいふく》を祈りたいと思います。

参列のお礼

生前、お世話になりましたみなさまに、母に代わってお礼を申し上げます。本日は突然のことにもかかわらずご参列いただき、また最後までお見送りいただきまして、ありがとうございました。

あいさつの流れ

①参列へのお礼
参列へのお礼を述べます。

②亡くなったときの様子
急死の場合は、死因などの事情を説明するようにします。

③故人を偲ぶエピソード
故人の人柄を伝えるエピソードを述べます。

④厚誼と参列へのお礼
突然の葬儀・告別式にかけつけてくれたことへのお礼を述べます。

親を亡くしたときのあいさつ

百歳で亡くなった父

100歳 男性

・天寿を全うした
・やすらかな最期だった
・多趣味の老人だった

話し手
喪主
長男

2分30秒

参列のお礼

本日はたいへんお暑いなか、父○○○○のためにお集まりいただきまして、ありがとうございました。出棺《しゅっかん》に際し、長男の私から、みなさまにひとことごあいさつを申し上げます。

最期

父は一昨日、老衰で息を引き取りました。自宅で家族に見守られ、眠るようにやすらかな最期でした。享年《きょうねん》百歳、先月の初めに百寿《ももじゅ》の祝いを終えたところでした。

エピソード

若いころは仕事ひと筋だった父ですが、老境に入ってからは園芸やカラオケ、川柳など、さまざまな趣味を楽しんでおりました。サークルや同好会を通して多くの方と知り合い、友だちづき合いをさせていただいていたようです。おかげさまで、晩年には体こそ弱っておりましたが、最後まで人生を楽しもうという意欲を持ち続けておりました。

厚誼のお礼

父がすばらしい一生を送ることができたのも、長い人生を支えてくださったみなさまのおかげです。父に代わって、心よりお礼を申し上げます。本日はご参列いただき、どうもありがとうございました。

あいさつの流れ

①参列へのお礼
参列へのお礼を述べ、故人との関係がわかるような自己紹介をします。

②亡くなったときの様子
亡くなった原因や、最期の様子などを伝えます。

③故人を偲ぶエピソード
故人の人柄を伝えるエピソードを述べます。

④厚誼と参列へのお礼
生前の厚誼に感謝し、参列へのお礼を述べます。

親を亡くしたときのあいさつ

山歩きとカメラが好きだった父

70歳
男性

・胃がんにより死亡
・登山と写真が好きだった
・自費出版した写真集

話し手
喪主
長男

2分30秒

参列のお礼

故人の長男の小野田省吾でございます。遺族を代表いたしまして、ひとことごあいさつさせていただきます。本日はお忙しいなか、父○○の葬儀・告別式にご参列いただきまして、ありがとうございました。

死因

父は、8月9日、胃がんのため、かねてより入院中の病院で永眠いたしました。享年70歳でした。

エピソード

山歩きと写真が好きだった父は、週末ともなれば、リュックサックとカメラをかついで山へ出かけておりました。みなさまのお力添えもあり、5年前には、これまで撮りためたものを写真集にまとめ、上梓《じょうし》することもできました。本人は、「まあまあだな」などと申しておりましたが、照れくさそうな笑顔からは、喜びがはっきり伝わってまいりました。家族にとっても、美しい山を愛した父の、何よりの記念の品となりました。

厚誼のお礼

生前、父が賜りましたご厚誼に、心よりお礼を申し上げます。みなさまに温かくお見送りいただき、父もさぞ喜んでいることと思います。本日は、どうもありがとうございました。

あいさつの流れ

①参列へのお礼
簡単に自己紹介をし、参列へのお礼を述べます。

②亡くなったときの様子
亡くなった原因などを伝えます。

③故人を偲ぶエピソード
故人の人柄を伝えるエピソードや、残された家族の思いを述べます。

④厚誼と参列へのお礼
生前の厚誼に感謝し、あらためて参列へのお礼を述べます。

親を亡くしたときのあいさつ

かつて褒章を受けた父

82歳 男性

・作業服姿の父の思い出
・親から継いだ工場
・10年前に授かった褒章

話し手 **喪主 長男**

3分

参列のお礼

本日はお忙しいところ、父○○○○の葬儀・告別式にお運びいただきまして、ありがとうございます。私は長男の幸太郎でございます。おかげさまで滞りなく式を終えることができました。また、先ほどはお心のこもった弔辞をいただき、父もさぞ喜んでいることと思います。

死因

父は半年前に心臓発作を起こして入院し、治療を続けてまいりましたが、高齢のせいもあり、一昨日、永眠いたしました。享年《きょうねん》82歳でした。

エピソード

父の姿として思い出すのは、作業着を着て工場で機械に向かっている姿です。祖父から受け継いだ小規模な工場で黙々と仕事に励み、そのかいあって、10年前には黄綬褒章《おうじゅほうしょう》までいただきました。長年の努力が認められたのも、従業員や関係者のみなさまのお力があってのことです。この場をお借りして、父に代わりましてお礼を申し上げます。

厚誼のお礼

父がみなさまからいただいたご厚情に、深く感謝いたします。また、父亡きあとも同様のおつき合いとご指導のほどをお願い申し上げます。

本日は、誠にありがとうございました。

あいさつの流れ

①参列へのお礼
参列や弔辞へのお礼を述べ、簡単に自己紹介をします。

②亡くなったときの様子
亡くなった原因などを伝えます。

③故人を偲ぶエピソード
故人の人柄を伝えるエピソードを述べます。故人の業績を称えるときは、関係者への感謝の気持ちなども添えましょう。

④厚誼と参列へのお礼
生前の厚誼に感謝し、あらためて参列へのお礼を述べます。

脳梗塞で倒れて亡くなった母

88歳 女性
・5年前、脳梗塞で倒れた
・後遺症に悩まされた
・幸せだった最期の時間

話し手 喪主 長女

3分

参列のお礼／最期／生前の病状／家族の思い／お礼

本日はお足もとの悪いなか、母○○○○のためにお集まりいただきまして、誠にありがとうございました。私は、長女の真紀子でございます。ご会葬いただきましたみなさまに、ごあいさつさせていただきます。

母は、2月15日、自宅で息を引き取りました。享年88歳でした。

母は5年前に脳梗塞《のうこうそく》で倒れ、自宅で生活できるほどには回復したのですが、病後は後遺症に悩まされておりました。記憶が混乱することも多かったため、周囲の方々を驚かせたり、ご迷惑をおかけしたこともあったかと思います。この場を借りてお詫びを申し上げます。

晩年こそ病と闘っておりましたが、母の人生は、仕事やお友だちにも恵まれた、幸せなものでした。本人も悔いを残さず旅立つことができたのではないかと思います。

母の一生を豊かなものとしてくださったみなさまに、心よりお礼を申し上げます。母に代わってみなさまのご健勝とご多幸をお祈りし、ごあいさつとさせていただきます。本日は、ありがとうございました。

あいさつの流れ

①参列へのお礼
参列へのお礼を述べ、簡単に自己紹介をします。

②亡くなったときの様子
亡くなった原因などを伝えます。

③生前の病状と迷惑をかけたお詫び
参列者に高齢者が多い場合などは、「認知症」「ぼけ」などストレートな表現は避けます。周囲に迷惑をかけた場合は、ひとことお詫びを。

④厚誼と参列へのお礼
生前の厚誼に感謝し、参列へのお礼を述べます。

親を亡くしたときのあいさつ

何度かのがんを克服した父

73歳 男性
- 10年前、がんを発病した
- 数回の再発を乗り越えた
- 最後まで前向きに生きた

話し手
喪主 長女

3分

（参列のお礼）

○○○○の長女、佳恵でございます。本日はご多用のところ、父の葬儀・告別式でご焼香《しょうこう》くださり、ありがとうございました。みなさまと最後のお別れをすることができ、父も喜んでいることと思います。

（死因）

父は、10年前にがんを発病いたしました。その後、再発をくり返しながらも闘病を続けてまいりましたが、ついに力尽き、5月18日の早朝、帰らぬ人となりました。享年《きょうねん》73歳でした。

（エピソード）

この10年は、父にとっては長くつらいものだったでしょう。でも、最後まで前向きに生きる姿を見せることで、私たち子どもや孫に、命の大切さや人間の強さを教えてくれたように思います。また、入院中には、たくさんのお見舞いをいただきました。みなさまの温かいお心づかいは、父にとってなによりの励みとなっておりました。父に代わり、あらためてお礼を申し上げます。

（お礼）

生前、父が賜りましたご厚誼に、深く感謝いたします。本日は最後までお見送りくださり、誠にありがとうございました。

あいさつの流れ

①参列へのお礼
簡単に自己紹介をし、参列へのお礼を述べます。

②亡くなったときの様子
亡くなった原因などを伝えます。

③故人を偲ぶエピソード
故人の人柄などを表すエピソードや、家族の思いを述べます。入院生活が長く、多くのお見舞いをいただいた場合は、お礼もつけ加えます。

④厚誼と参列へのお礼
生前の厚誼に感謝し、参列へのお礼を述べます。

親を亡くしたときのあいさつ

50代で亡くなった母

55歳女性
・面倒見のよかった母
・子どもの将来を楽しみに
・野菜を送ってくれた

話し手
喪主
長男
3分

参列のお礼

年末のお忙しいなか、母〇〇〇〇の葬儀・告別式にご参列いただきまして、ありがとうございます。私は、長男の健一でございます。おかげさまで滞りなく式を終えることができ、出棺《しゅっかん》の運びとなりました。

最期

母は一昨日の深夜、息を引き取りました。享年55歳でした。半年ほど前から心臓病の治療を受けてはおりましたが、あまりにも急な最期に、残された家族はまだ呆然《ぼうぜん》としております。

エピソード

面倒見のよかった母は、私たち兄弟をとても大切に育ててくれました。就職して家を出てからも、健康を気づかう手紙を添えて、こまめに野菜などを送ってくれたものです。私も弟も社会に出てから日が浅く、自分のことで精一杯で、これといった親孝行もできなかったことが悔やまれます。これから一人前の社会人として認められるよう頑張っていくことが、せめてもの母への供養《くよう》になると思っております。

お礼

生前、お世話になったみなさまに、母に代わってお礼を申し上げ、ごあいさつとさせていただきます。本日は、ありがとうございました。

あいさつの流れ

①参列へのお礼
参列へのお礼を述べ、自己紹介をします。

②亡くなったときの様子と家族の思い
亡くなった原因や、家族の思いを述べます。

③今後の決意
遺族が若い場合、参列者を安心させるためにも、前向きに生きていく決意などを述べるとよいでしょう。

④厚誼と参列へのお礼
生前の厚誼に感謝し、参列へのお礼を述べます。

子どもを亡くしたときのあいさつ

悲しみをどう表すか

子どもを亡くした親の悲しみには計り知れないものがあります。人前でのあいさつもつらいはずですから、意識して感情をコントロールしないと、抑えが効かなくなる可能性もあります。涙声になりそうなら、お礼を中心にしたあいさつにしましょう。無理に心情を述べる必要もありません。

しかし弔問客もまた、つらい思いで来場しています。思い出や今の気持ちを自分なりのことばで素直に表すことが、弔問客への感謝にもつながると考えましょう。

死因の説明は故人や参列者を考えて

喪家側のあいさつは、持病で長く患っていた場合も、急な発病や事故で亡くなった場合も、経過の説明はある程度は報告するのが一般的だと言われています。

しかし、あえてあいまいにしたほうがいい場合もあります。たとえばそばにいた家族が目を離したすきに、幼児が事故に遭ったりしたような場合です。原因をつくった本人は自分を責めているでしょう。話し手は、だれに責任があるか推測できるような表現は、避ける必要があります。

最後は救いを感じさせるように

最後まで悲しみ、苦しみを吐き出して終わるのでは、聞いている弔問客もつらくてたまりません。あいさつは参列してくれた方たちへのお礼の表明と考え、悲しみのなかにも少しでも希望を感じさせて、スピーチを終えましょう。

子どもを亡くしたときのあいさつ

交通事故で亡くなった長女

17歳 女性
・高校2年生で事故死
・クラブ活動に熱心だった
・明るい性格で友人も多い

話し手
喪主
父親

2分30秒

参列のお礼

本日はお忙しいなか、娘○○○の葬儀・告別式のためにご参列いただきまして、誠にありがとうございます。

死因

当日はいつものように部活の早朝練習のため家を出、街道の信号で事故に遭いました。私どもが病院に駆けつけたときにはもう意識がありませんでした。長く苦しまずに済んだのが、せめてもの慰めです。

故人への思い

○○○は私ども夫婦にとりまして初めての子どもで、そのせいか随分甘やかしてしまい、わがままな性格になってしまったと思っておりました。しかし今回、大勢の同級生や部活のみなさん、先生方がお話を聞かせてくださったことで、みなさまが○○○のことを理解し、愛していてくださったことがよくわかり、深く感謝しております。

厚誼のお礼

みなさまのおかげで、○○○も17歳と短くても充実した人生を過ごせましたこと、心からお礼を申し上げます。どうか○○○をいつまでも忘れないでやってください。

本日はありがとうございました。

あいさつの流れ

①参列のお礼
亡くなった人との関係が明らかな場合は、あえて「父」と自己紹介する必要がない場合もあります。

②亡くなった理由
急な病気や事故の場合などは、ごく簡単に状況をお知らせしたほうがいいでしょう。

③故人への思い
娘への気持ちを感じたままに述べます。周囲の方々への感謝の気持ちも表しましょう。

子どもを亡くしたときのあいさつ

持病が悪化して死亡した長男

26歳男性

・糖尿病の持病があった
・人を気づかう性格
・大学で博士をめざしていた

話し手
喪主 父親

5分

参列のお礼

本日はお忙しいところ、長男○○のためにこのように大勢お集まりいただき、誠にありがとうございます。○○もきっと喜んでいることでしょう。○○の父、松村順二でございます。

病状

ご存知の方も多いと思いますが、○○は幼いころに糖尿病を発症し、インスリン注射が欠かせない毎日でした。家族共々健康には気をつけていたつもりですが、10月22日夜に心不全を起こし、救急車で運ばれた病院で、そのまま亡くなりました。まだ26歳でした。

故人の人柄

糖尿病というのは、中高年の肥りすぎというイメージが強いのですが、○○の場合は、若者に多いインスリン依存型というものでした。まだ若いこともあり、毎日注射を打たなければいけないのはつらかったと思います。しかし、気持ちの優しい子でありながら、私たち家族より強い一面も持ち合わせておりました。

大学院の研究室に泊まり込むこともあったので、みなさまにご迷惑をかけないか、体は大丈夫かと、家族は心配しておりましたが、本人はいたっ

あいさつの流れ

①参列のお礼
父として、故人もきっと喜んでいるだろうという思いを伝えます。

②病状の説明
長く患う持病や突然の死の様子を伝えることも、故人を理解してもらうための重要な手がかりになります。

③故人の人柄
病気があったにもかかわらず、思いやりを忘れず、強く明るく生きた人生であったことを伝えましょう。

④故人への思い
子どもを失った親の心情

て明るく、心配ばかりしていては何もできないと、日々の生活を楽しんでいたようです。この病気には過激な運動も危険なのですが、もともと運動好きの○○は「できることはやりたい」と、時々ジョギングなどにも出かけていました。家族はハラハラしておりましたが、帰ってきた息子の顔は生き生きとしていて、若いエネルギーの発散を止めることなど、とてもできませんでした。

故人への思い

本人もまだまだやりたいことがたくさんあったことと思います。いつかは注射にかわる治療法ができるといいね、と笑っていたこともありました。笑顔ではありましたが、本人の心の中はどんなであったのか、親として何もしてやれなかったことが本当に心残りです。しかし、みなさまのようなお友だちも多くいてくださり、短いながらも充実した一生だったと思います。

今後の決意

天国にいる○○に心配をかけないよう、残された私たちは息子の分もしっかり生きていくつもりです。今後は微力ながら、糖尿病への理解を深めるためにできるだけのことをしていこうと考えております。

厚誼のお願い

どうか今後も○○のいたときと同じようにわが家にお立ち寄りください。○○にもそれが供養《くよう》になると思います。

本日は、本当にありがとうございました。

を述べるのはつらいことです。取り乱してはいけないからと事務的なことばより、偽らない気持ちを素直に表現するほうが会葬者の心に響くでしょう。

⑤今後の決意

遺族が今後明るく生きていくつもりであることを伝えることで、会葬者の心も癒されます。

急病で亡くなった次男

11歳男児
・発熱のあと突然死
・病気をしたことがなかった いつもニコニコしている子

話し手
喪主
父親

2分30秒

[参列のお礼]
本日は息子○○のために、このように多くの方にご会葬いただき、誠にありがとうございます。

[最期]
○○は、11歳になったばかりでした。発熱し、風邪と診断されて入院中、病状が急変し、そのまま天に召されました。入院して1日もたっておりませんでした。それまではいつもニコニコと元気で、病気もほとんどしたことがなかったせいか、まだとても実感がありません。

[故人への思い]
こんなことにはなりましたが、○○が私たちのもとに生まれてきてくれたことを感謝しています。もっと早く気づけば、何とかしてやれたのではないかという思いがつきまとって離れません。

[今後の決意]
しかし残された私たち家族が亡くなった息子の分も懸命に生きていかなければ、天国の○○に申し訳が立たないでしょう。

[厚誼のお礼]
私たちを支えてくださったみなさまに、これまでのお礼を申し上げるとともに、今後もご支援をお願いしてあいさつとさせていただきます。

本日は、本当にありがとうございました。

あいさつの流れ

①最期の様子
幼くして亡くなった息子の最期を語るのはつらいことです。詳しく述べる必要はなく、説明できる最低限でかまいません。

②故人への思い
無念と自責の念がわくのは親として当然かもしれませんが、思いをぶつけるだけでは会葬者側もつらい思いをします。理性でのコントロールが肝心です。

③今後の決意
家族全員での決意を示します。

子どもを亡くしたときのあいさつ

山で遭難した長男

31歳男性
・登山中の遭難死
・高校から登山を始める
・責任感の強い性格

話し手
喪主
父親

2分30秒

参列のお礼

○○○○の父、信一郎でございます。本日はお忙しいところ、このように多くの方にお越しいただきましてありがとうございます。おかげさまで式も滞りなく済ませることができました。

死因

○○は7月12日、△△岳に登山中、足を踏み外して滑落し、病院に運ばれましたが、全身打撲で亡くなりました。31歳でした。

故人への思い

息子は高校のころから登山部に入り、大学でも、そして就職してからも山に登り続けました。一度、「どこがそんなにいいんだ」と理由を聞いたことがあります。○○は困った顔をしながら、「登っているときは、なぜこんなにつらい思いをしているんだろうと思うけど、頂上に立ったときの気持ちが忘れられないんだ」と言いました。私は、みなさまにご迷惑をおかけしたことを別にすれば、そんなに好きな山で命を終えたということは、ある意味息子は幸せだったのかもしれないと思うようになりました。

厚誼のお礼

みなさまにはいろいろお世話になり、心からお礼を申し上げます。

本日は、本当にありがとうございました。

あいさつの流れ

①参列のお礼
告別式でのあいさつは通夜と言い回しを変え、少し形式的にします。

②最期の様子
突然の逝去の場合、その前後の事情に簡単にふれておいたほうがいいでしょう。

③故人の思い出
「短いけれども故人はせいいっぱい生きた」との思いを伝えられれば、遺族と弔問客双方にとっても心のやすらぎを得ることができるでしょう。

子どもを亡くしたときのあいさつ

難病で亡くなった長女

5歳女児
・走るのが大好き
・原因不明の難病
・無邪気な笑顔

話し手
喪主
父親

2分30秒

参列のお礼

本日は、娘○○○の最後のお別れにたくさんのみなさんにお集まりいただきまして、ありがとうございました。おかげさまで滞りなく式を終えることができ、ここに出棺《しゅっかん》の運びとなりました。

思い出

○○○は走るのが大好きな、元気な女の子でした。それが4歳の春に突然原因不明の難病にかかり、だんだんと筋力が衰えていきました。一昨夜、とうとう天へ召されました。わずか5年間の短い生涯でした。

病気

こんなに医学の発達した現代でも、治らない病気があることに、やりきれない気持ちになったことも一度や二度ではありませんでした。でも、娘の無邪気な笑顔を見ると、心が洗われました。親としては悔やみきれませんが、いつまでも嘆いていては娘に笑われそうです。

園児などに向かって

お世話になった幼稚園のみなさん、病院の看護師さん、今日は○○○の大好きだったチューリップの花をたくさん入れてくれてありがとう。○○○はきっと天国でみなさんのことを見守ってくれると信じています。

本日はありがとうございました。

あいさつの流れ

①参列へのお礼
忙しいなかを会葬してくれた人たちにお礼のことばを述べます。

②幼い子の思い出
子どもの死は親にとって相当なショックです。親としてむずかしいでしょうが、できるだけ感情的にならないように、たんたんと語ります。

③厚誼へのお礼
幼稚園の先生や友だち、病院関係者など、今までお世話になった人たちに、心を込めてお礼を述べます。

子どもを亡くしたときのあいさつ

独身で亡くなった長女

45歳女性
・乳がんによる病死
・独身を楽しんでいた
・自宅でピアノ教室

話し手
喪主
母親

2分30秒

参列のお礼
本日は、娘○○のために多くの方にお集まりいただき、ありがとうございます。○○も天国で喜んでくれていると思います。

死因
乳がんが見つかったのは、半年くらい前でした。そのときには病状がずいぶん進んでおり、いろいろ治療もしたのですが、その甲斐《かい》もなく、45歳で世を去りました。

故人の仕事
○○は音楽大学を卒業してから自宅でピアノ教師を始め、病に倒れるまで続けておりました。幸い生徒さんにも恵まれ、本人も「私の天職よ」と楽しそうでした。夫を亡くしてから子どもたちを育ててきた母親の背中を見て来たせいか、「働いてお母さんに楽をさせてあげたい」というのが口ぐせで、無理させてしまったのかと悔やまれてなりません。

故人への思い
まさか私が娘を送る立場になるとは思ってもいませんでしたが、今は○○が天国でやすらかにいてくれることを祈るばかりです。

厚誼のお礼
あらためて、みなさまが○○にくださいました温かいお気持ちに感謝いたします。本日はありがとうございました。

あいさつの流れ

①死因とその前後の様子
突然の死去で事情を知らない方のために、簡単でいいので説明をしておきます。

②故人の思い出
仕事に打ち込み、また楽しんでいたというエピソードも、故人の人柄の紹介になります。

③厚誼のお礼
仕事関係の弔問客（この場合は生徒とその父母）に対する気持ちを表すことも大事です。

子どもを亡くしたときのあいさつ

自殺した大学生の長男

19歳男性

・大学在学中に自殺
・優しく生まじめな性格

話し手
喪主
父親

2分30秒

参列のお礼

ご会葬のみなさま、本日はお忙しいなか、長男○○のためにお集まりくださいまして、ありがとうございます。厚くお礼申し上げます。

死去の報告

○○は一昨日、19歳という若さで自ら命を絶ちました。遺書はございましたが、正直に申しまして家族の者は○○がそれほど悩んでいた理由がわからず、いまだに暗闇の中を手探りしている有様です。

故人への思い

息子は気持ちの優しい子でした。その反面、物事を深刻に受け止めすぎるきらいがあったのも確かです。それをわかっていながら、息子の悩みをわかってやれなかったことについては、悔やんでも悔やみきれません。それは私が父親として今後背負っていかなければならない務めだろうと思っております。それとともに○○に対して、「なんということをしでかしたんだ」と怒ってやりたい気持ちでいっぱいです。

お願い

ここに来てくださったお友だちのみなさまに申し上げたいのは、悩みをひとりで抱え込まず、だれかに打ち明けていただきたいということです。そのことだけ、どうかよろしくお願いいたします。

あいさつの流れ

①死去の報告と心情

子どもが自殺した場合、遺族のつらさはさらに増すでしょうが、弔問客のためにも一応の報告はしなくてはなりません。感情が高ぶるようなら、少し間をおくようにします。

②友だちへのことば

感情的になりすぎないようコントロールは必要ですが、残された遺族の心からの気持ちを吐露するのは、自殺を美化しないためにも必要なことかもしれません。

子どもを亡くしたときのあいさつ

キリスト教式でのあいさつ

22歳女性
・キリスト教徒の女性
・持病のぜんそくが悪化
・動物や植物が大好き

話し手
喪主
父親

2分30秒

参列のお礼

本日はご多忙のなか、長女○○○○の葬儀にご参列くださいまして、ありがとうございました。神父（牧師）さまをはじめ、大勢のみなさまに見守られるなかで、無事に葬儀を終えることができました。

おかげさまで、○○もやすらかに神のみもとへ召されたことと思います。

故人の人柄

○○は生まれつき体が弱く、ぜんそくの持病をもっておりました。

動物や植物が大好きな心の優しい子でした。自分が弱い分、小さな生き物やかよわい動物に心を寄せていたのだと思います。最近では、趣味でスケッチを習いはじめ、天気の良い日には、お友だちとよく公園へ出かけておりました。

突然の死

一昨日の夜中に突然ぜんそくの発作が起こり、神のみもとへ旅立ちました。22年の生涯でした。最期はやすらかに微笑んでいるようにさえ見えました。

厚情のお礼

生前、みなさまにはご厚情を賜り、誠にありがとうございました。○○に代わりましてお礼申し上げます。

あいさつの流れ

①参列者へのお礼
キリスト教では死は神に召されることなので、「神のみもとに」という独特の表現を使います。カトリックが神父で、プロテスタントが牧師。

②故人のエピソード
故人の人柄を偲ばせるようなエピソードを語ります。

③厚情へのお礼
故人が生前に受けた厚情へのお礼を述べます。

きょうだいを亡くしたときのあいさつ

きょうだいがあいさつする場合

きょうだいが葬儀・告別式のあいさつを行うのは、喪主《もしゅ》としてなら両親がすでになく、離婚や死別、あるいは独身などで故人に配偶者がいない場合でしょう。また喪主の代理を務めるのなら、親や配偶者が体調を崩してあいさつできない場合などでしょう。

自分が喪主の場合も、代理を務める場合も、まず自己紹介をし、故人との関係を説明します。代理に立ったときは、その理由を簡単に説明することも必要です。

喪主でもその代理でも、基本的にあいさつの内容は変わりません。代理の場合は、残された家族に対する支援をお願いすることばを、結びに入れます。

きょうだいならではのあいさつを

幼いころから故人を知っている、きょうだいならではのエピソードがあるはずです。

思い出してみましょう。幼いころのふたりに共通の思い出、子ども時代の故人の意外な一面、あまり知られていないエピソードなどが聞ければ、故人の人間味も増し、参列者側にとっていっそう味わい深い印象となるでしょう。故人の美点を示すものを選び、飾り気のないことばで参列者に語りかけましょう。

通夜のあいさつと内容が重なっても、告別式だけに参列する方もいるので神経質になる必要はありませんが、できれば少し表現を変えてあいさつしたほうがいいでしょう。

きょうだいを亡くしたときのあいさつ

独身で突然死した弟

53歳 男性
・心筋梗塞による急死
・生まじめで不器用な性格
・やさしいが、ぶっきらぼう

話し手
喪主
兄

2分30秒

参列のお礼

私は故人の兄、浩一と申します。本日は弟○○○○のためにご会葬いただき、ありがとうございました。

死因

○○は独身で、両親亡きあと、ひとり住まいをしておりました。心筋《しんきん》梗塞《こうそく》の発作が起きたときも、通報することができずそのまま亡くなったようです。会社から連絡があって、私が遺体を発見いたしました。

故人への思い

たったひとりの弟を看取ってやれなかったことは、兄として悔やまれてなりません。もう少し何とかしてやることはできなかったのかと、今も自分に問い続けております。

故人の人柄

○○は生まじめで、仕事も実直に取り組んでおりました。反面、人とのつき合いが苦手で、緊張のあまりぶっきらぼうになってしまうところがあったようです。今は○○の魂がやすらかに旅立ってくれることを祈るのみです。

厚誼のお礼

あらためまして、みなさまから生前いただきましたご厚情に厚くお礼申し上げます。本日はありがとうございました。

あいさつの流れ

①参列のお礼
まず自己紹介をして自分の立場を説明します。

②死因とその前後の様子
死因やそのときの状況には簡単にふれます。

③故人への思い
故人をいちばんよく知る親族として、気持ちを率直に述べます。

④故人の人柄
弔問客は通夜か告別式のどちらかに来ることが多いので、無理に通夜と変えたエピソードにすることはありません。

きょうだいを亡くしたときのあいさつ

スーパーを成功させた兄

61歳 男性

・働き者で、アイデアマン
・スーパーを成功させた
・余生を楽しむ矢先のこと

話し手 **親族代表 弟**

5分

参列のお礼　喪主の代理　死因

本日はご多用中、故〇〇〇〇の葬儀・告別式にご参列いただき、ありがとうございました。おかげさまで、つつがなく葬儀を執り行うことができました。

〇〇の弟の祐樹と申します。義姉《あね》が体調を崩しておりますので、喪主《もしゅ》に代わりまして、ひとことごあいさつさせていただきます。

3年ほど前に肺がんが発見されたのが、ことの始まりでした。一応手術は成功しましたが、昨年になって肝臓への転移が見つかりました。化学療法なども行い、一時は安定しましたので私ども家族も安堵しておりましたが、12日早朝突然病状が悪化し、静かに息を引き取りました。享《きょう》年《ねん》61歳でした。

独力で大きくしたスーパーの経営も落ち着き、これから旅行にでも行こうかと言っていた矢先でした。最期は苦しむ様子がなかったことが救いでございます。

身内ではございますが、立派な兄だったと思います。両親を早くに亡

あいさつの流れ

①喪主の代理である断り
喪主が体調を崩したり、子どもがまだ小さいために代わりを務める場合は、まずその説明から始めましょう。

②故人への思い
世話になった兄に対し、弟として素直な感謝の気持ちを述べます。身内を誉めることになるので、「身内ではございますが」とひとこと断りを入れましょう。

③故人の人柄
故人の人柄がしのばれるエピソードを語れるのは、生前をよく知るきょうだいならではのこと。人柄のに

故人への思い

くしたため、勉強好きな兄が大学進学をあきらめ、私の面倒を見てくれました。私が大学に進めましたのもすべて兄のおかげです。そしてそれを恩着せがましく言うことは決してありませんでした。私はいつも兄の背中を見て育ってきた気がしています。

故人の人柄

幸い兄には商売の才能があったようで、小さな店舗から始めたスーパーを大きくし、ついには県内に10店舗をもつまでになりました。朝から晩まで働きづめでしたが、店の品揃えや仕入れなどいろいろ工夫することが好きで、忙しいながらも楽しそうに働いておりました。おかげさまで商売も軌道に乗ったので少しゆっくりし、義姉とともに旅行をしようかという話も出ていました。苦労を引き受けてくれた兄ですから、私としても仕事以外の生活も楽しんでほしいと思っていたところでした。やっとこれから夫婦でゆっくりできると楽しみにしていた義姉のショックもさぞ大きかったでしょう。苦労の多い人生だったと思いますが、決してくじけない強い兄でした。今はやすらかな眠りについてほしいと祈るのみです。

厚誼のお願い

兄が生前に賜りましたご厚情に感謝しますとともに、残された義姉に対しましても、どうか変わらぬご指導とご支援をお願い申し上げます。

本日は、ありがとうございました。

じみ出るような、心温まるエピソードを選びましょう。

④厚誼のお願い

故人に妻や夫、子どもたちが残された場合、代わってあいさつする親族は、遺族に対しての厚誼と支援をお願いすることばを忘れずに入れましょう。

きょうだいを亡くしたときのあいさつ

子どもがいなかった姉

68歳 女性

・子ども好きだった
・甥・姪を可愛がった
・ボランティア活動に熱心

話し手
喪主
妹

2分30秒

参列のお礼 / 死因 / 故人の人柄 / 厚誼のお礼

みなさま、本日はお忙しいなか、姉○○○○のためにご会葬いただきまして誠にありがとうございます。私は妹の祥子と申します。

姉が元気な姿を最後に見せたのは今月の14日のことでした。その日、お友だちと会っていたときは、いつもと変わりない様子だったそうです。心筋梗塞《しんきんこうそく》で倒れたのはその夜のことと思われ、翌日発見されたときは、すでに手遅れの状態でした。

姉は生来の子ども好きでしたが、皮肉なことに子宝には恵まれませんでした。そのためか、私たち夫婦の2人の子どもをたいそう可愛がってくれました。また義兄《あに》を亡くしてからは子どもたちの面倒を見るボランティアを引き受け、「子どもたちのそばにいるのが楽しい」と毎日忙しく動き回っておりました。まさかあんなに元気だった姉が突然亡くなるとは想像もせず、いまだに呆然《ぼうぜん》としております。

姉の存命中にはひとかたならぬお世話になりましたこと、深く感謝いたします。本日はご会葬ありがとうございました。

あいさつの流れ

①死の前後の様子
独居で亡くなり、発見が遅れたような場合、事情はあまり詳しく説明せず、あいまいなままにしておきます。

②故人の人柄
子ども好きで親切だったなど、いい人柄を物語るエピソードを紹介します。

③厚誼のお礼
生前にお世話になったお礼を、故人に代わって述べます。

きょうだいを亡くしたときのあいさつ

大学の教員だった独身の兄

56歳 男性
・健診で見つかったがん
・本好きの趣味人
・やさしい性格

話し手
喪主
妹

2分30秒

参列のお礼

みなさま、本日は兄○○○○の葬儀にご参列くださいまして、ありがとうございました。○○の妹の奈緒美と申します。

死因と闘病の様子

兄○○のがんが発見されたのは昨年の今ごろ、若葉が美しい季節でした。スキルス性の悪性のがんだったために、手術や抗がん剤治療も効果がなく帰らぬ人となりました。両親もすでになく独身だったため、身内の私が入院の手伝いなどをしました。この1年間、兄は少しも死を恐れることなく病魔と闘いました。今は「本当によくがんばったね」と声をかけることしかできません。

故人の趣味

やさしい兄でした。唯一の趣味といえば読書で、買いすぎた本が部屋中にあふれ、自分でも「つい買ってしまうんだ」と置き場所に困るほどでした。独身でしたので、ある程度自分の好きな暮らしができ、それが兄の性格に合っていたのかもしれません。

厚誼のお礼

簡単ではありますが出棺《しゅっかん》に際してひとこと申し上げ、みなさまへのお礼のことばに代えさせていただきます。本日はありがとうございました。

あいさつの流れ

①参列へのお礼
会葬いただいたことへのお礼と、故人との関係を説明します。

②死因とその前後の様子
がんと闘った兄の様子をたんたんと語りながら、不屈の精神力を称えます。

③故人の人柄
年の近い肉親ならではの親密な関係があると、故人のあまり知られていなかった一面を紹介できるでしょう。

きょうだいを亡くしたときのあいさつ

天寿を全うした姉

92歳 女性

・92歳で眠るように……
・喪主の長女に代わって
・晩年は幸せだった

話し手
親族代表
弟

2分30秒

参列のお礼

私は、故人○○○○の弟の野村行雄でございます。本日はお忙しいところをご会葬いただき、誠にありがとうございます。喪主《もしゅ》である故人の娘が入院中のため、代わりましてごあいさつ申し上げます。

死因

姉は昨年くらいから足腰が弱り、あまり外出もしなくなっていました。先月、具合が悪くなって入院し、肺炎が悪化してとうとう9日に亡くなりました。苦しみのないやすらかな最期でした。からだ全体の機能が衰えていたということなので、天寿を全うした大往生といえるでしょう。

故人の思い出

姉と私は10歳も年が離れておりました。幼いころは姉というより小さな母のようで、体の弱かった私はよくかばってもらったものです。夫を亡くしてからも我慢強く愚痴《ぐち》も言わずに働き通しで、苦労も多かった姉ですが、おかげさまで晩年はのんびり過ごすことができました。

厚誼のお礼

姉が生前に賜りましたご厚誼《こうぎ》に心からお礼を申し上げ、ごあいさつとさせていただきます。ご友人のみなさま、ご近所のみなさま、本日は本当にありがとうございました。

あいさつの流れ

①参列のお礼
故人との関係が弔問客にわかりにくい場合は、まず自己紹介をしてからお礼を述べましょう。

②故人の思い出
つき合いの長かったきょうだいならではの、故人に対する心情を表現すると、弔問客の心にも響きます。

③厚誼のお礼
長寿のため、周囲の人たちにお世話になっていることが予想できたら、友人や近所の知り合いの参列者に対し、特別にお礼を述べるのもいいでしょう。

きょうだいを亡くしたときのあいさつ

好き放題に生きた弟を送る

66歳 男性
・糖尿病の合併で死亡
・30代で会社を起こした
・節制とは無縁の生活

話し手
親族代表
兄

2分30秒

お礼

本日はお忙しいなか、故○○○○のためにお運びくださいまして、ありがとうございました。おかげさまで、滞りなく式を終えることができ、出棺《しゅっかん》の運びとなりました。私は兄の雅夫と申します。

エピソード

弟は6月30日、66歳で生涯を閉じました。病名は糖尿病による心不全です。若いころから食道楽で、酒好きで、好きなことをやってきました。サラリーマンは苦手だったらしく、30代で小さな町工場を経営し、裸一貫でやってきました。親分肌で面倒見がよく、若い者を連れては、よく飲み歩いていました。そんな無理がたたったのでしょう。20年前に糖尿病を発症し、最近ではげっそりとやせてしまいました。長年にわたる闘病生活でしたので、本人はもちろんのこと、義妹《いもうと》はじめ、家族も大変だったと思います。今はゆっくり休んでくれと声をかけてやりたいです。

厚誼のお願い

みなさまには、入院中いろいろとお見舞いをいただき、また本日は最後までお見送りいただきまして、ありがとうございました。遺族には今後もご厚情を賜りますようお願い申し上げます。

あいさつの流れ

①参列へのお礼
忙しいなかを葬儀に参列していただいたことへのお礼を述べます。

②故人の人柄
若いころから仕事やお酒に積極的だった故人の人柄を紹介し、本人は満足な人生だったろうと推測します。あわせて闘病の様子などにもふれます。

③厚誼のお願い
見舞客へのお礼と今後も変わらない厚誼のお願いをします。

きょうだいを亡くしたときのあいさつ

義兄に代わって姉を送る

59歳 女性
・鹿児島から上京
・美容院を成功させた
・喪主の義兄が入院中

話し手
親族代表 弟

2分30秒

喪主に代わって

故人の弟の八代孝と申します。喪主《もしゅ》である義兄《あに》が入院中のため、親族を代表して、ひとことお礼のごあいさつを申し上げます。

本日は姉○○の葬儀・告別式にご参列いただきまして、誠にありがとうございました。おかげさまで、式は滞りなく終了しました。

故人の職業

姉は一昨日、乳がんのため亡くなりました。享年《きょうねん》59歳でした。姉は18歳で郷里鹿児島を離れ、美容師をめざして上京しました。タテ社会の中で苦労の多い人生だったと思いますが、20年前には、独立して自分の美容院を持つまでになりました。

病状

気丈で、我慢強いところのある姉でしたから、たぶん少々具合が悪くても病院に行かなかったのだと思います。病院に行ったときには、すでに手の施しようがない手遅れの状態でした。

厚誼のお願い

どうかみなさまには、残された家族に対しまして、これからもご厚誼《こうぎ》を賜りますよう、お願い申し上げます。本日はお忙しいなか、ご会葬いただきまして、誠にありがとうございました。

あいさつの流れ

①参列へのお礼と自己紹介
故人との関係を簡単に自己紹介したあと、喪主が入院中であるために代わってあいさつすることを説明し、参列へのお礼を述べます。

②故人の人柄
親族が知る故人の人柄や、若いころに苦労し成功した話などのエピソードを語ります。

③遺族への厚誼のお願い
親族を代表して、遺族への厚誼のお願いをします。

きょうだいを亡くしたときのあいさつ
神式でのあいさつ

46歳男性
・しっかりした性格だった
・妻に死なれてから気落ち
・早すぎる死に呆然

話し手：喪主　兄

2分30秒

参列のお礼

本日はお忙しいなか、弟○○○○の葬場祭《そうじょうさい》にご臨席いただきまして、まことにありがとうございました。私は兄の嘉則と申します。

最期の様子

○○は一昨日の午後4時30分、入院先の病院で息を引き取りました。46歳でした。妻を亡くしてから体調を崩して入院し、2年間の闘病生活を送っておりました。病状が一進一退でなかなか回復せず、心配してはおりましたが、あまりにも早すぎる死に、いまだに信じられない思いです。

故人の人柄

弟は小さいころからしっかりした性格で、いざというときには私はすっかり頼りにしていたものでした。両親が亡くなったときにもてきぱきと諸事をこなし、面倒を引き受けてくれました。今度は私が弟のためにしっかりとしなければいけないと、心を励ましております。

厚誼のお礼

生前はみなさまには、ひとかたならぬお世話になりましたこと、弟に代わりまして心よりお礼申し上げます。弟も、今は祖先の御霊《みたま》とともに私たち家族を見守ってくれていることでしょう。

本日はありがとうございました。

あいさつの流れ

①参列のお礼
神式では葬儀を「葬場祭」または「神葬祭」といいます。仏教用語の「冥福」や「成仏」「供養」「往生」などは使いません。

②故人の人柄
結びつきの強い肉親の立場から、故人の性格の良さを知っていただくようにしましょう。

③厚誼のお礼
「御霊」は魂を指します。神式では死は穢（けが）れになるので、葬場祭で穢れを清め、死者を家の守護神として祀（まつ）ります。

きょうだいを亡くしたときのあいさつ

生きたいように生きた姉

61歳 女性
・心臓病による死
・独立して花屋を経営
・勉強家だった

話し手
喪主
弟

2分30秒

参列のお礼

私は故人○○○○の弟、田代豊と申します。本日はご多忙中のところ、ご会葬いただき、誠にありがとうございました。

死因

姉は入院していた病院で、心臓病のために死去いたしました。享年《きょうねん》61歳でした。今の時代では、まだまだ早すぎる年齢ではありますが、生きたいように生き、やりたいことをやり尽くしたといえる生涯だったように思います。

故人の人柄

小さい頃から草花が好きで、植物図鑑ばかり読んでいた姉でした。会社を辞めてから、その知識を元に店を始めましたが、商売が性に合っていたのでしょう。いつも生き生きと働いていました。プライベートでは、長年趣味で続けていたダンスも大会に出場するようになって、充実した毎日を送っていたようです。会社関係の方やダンス関係の方、ほかにも多くの方々とめぐり合うことができ、姉も幸せだったでしょう。

厚誼のお礼

お世話になりましたみなさまには、姉に代わって深くお礼を申し上げます。本日はありがとうございました。

あいさつの流れ

①死因とその前後の様子
死因となった病気については、必要がなければ詳しく述べる必要はありません。

②故人の思い出
充実した人生を楽しんでいた様子を身近から見ることができた近親者として、友人、知人に故人の人柄をほうふつとさせるエピソードを語ります。

③厚誼のお礼
生前の交誼に対し、故人に代わってお礼を述べます。

きょうだいを亡くしたときのあいさつ

病気がちだった妹

38歳女性
- 病弱だった妹
- 短歌の同人誌に参加
- 投稿で賞を受ける

話し手
喪主
姉

2分30秒

参列のお礼

○○○○の姉、麻子と申します。本日は○○のためにわざわざ足をお運びいただき、誠にありがとうございました。妹もたいそう喜んでいることと思います。

死因

妹○○は、入院していた病院で併発した肺炎のために38歳で亡くなりました。○○は小さいころから体が弱く、10代から入院、退院を繰り返しておりました。ふつうなら友だちと楽しく過ごすはずの青春時代を、ほとんどベッドの上で送ったことになります。

故人の趣味

それでも、短歌という趣味を持てたことは妹にとって幸せなことでした。窓からの景色などについて、頭の中で考えを巡らせ、歌を詠んでは同人誌に投稿を続けておりました。何度か一席に選ばれたときは、たいへん喜んでいたものです。

できることならもう少し長生きさせてやりたかったと思いますが、短い人生のなかで、妹もやはり生を堪能《たんのう》したに違いないと思っています。

お礼

お世話になったみなさま、本日は本当にありがとうございました。

あいさつの流れ

①参列へのお礼
故人の気持ちを代弁するつもりでお礼を述べましょう。

②故人の趣味
打ち込んだ趣味について述べ、たとえ短い人生でも、生きた証を得ていたことを、故人のためにも明らかにしておきたいものです。

③故人への思い
感情がコントロールできなくなりそうなときは、少し間をおき、落ち着いてから話を続けるようにします。

親族を代表してのあいさつ

親族があいさつするときの注意点

故人により近い近親者がいなかった場合、祖父母、伯父・伯母、叔父・叔母、甥・姪、孫などの親族が喪主《もしゅ》となります。また喪主が未成年や高齢、また体調を崩した場合などには、親族や遺族が代理としてあいさつをします。時には血縁関係のない娘婿が代理となることもあります。

あいさつの内容は、どちらの場合もほとんど変わりませんが、代理としてのあいさつでは、参列者のためにも最初にはっきりと自己紹介し、自分の立場をはっきりさせましょう。その後、代理となった理由を簡潔に述べますが、あまり細かく説明する必要はありません。

結びでは、自分たち親族も遺族を支える決意を示すとともに、参列者に対し、残された遺族に援助や協力をお願いすることばを入れるとまとまります。

親族ならではのあいさつとは

親族は、喪主や家族といった遺族と、第三者の中間の立場といえます。

血縁者として故人の生い立ちを知っていれば、これまでの故人と周りの人々とのふれあいを、具体的に語ることもできるでしょう。決まりきったことばでなく、自分自身の気持ちを込めた心温まるあいさつは、参列者の琴線《きんせん》にも響くはずです。

また親や子など血縁の濃い関係より冷静な態度をとりやすいので、参列者に対する感謝、もう一方で残された遺族への気づかいを示しましょう。

親族代表のあいさつ

義母に代わって義父を送る

83歳 男性
- 心不全で亡くなる
- 囲碁が趣味だった
- 鷹揚な人柄だった

話し手　遺族　娘婿

2分30秒

参列のお礼

本日は、お忙しいなか、故○○○○の葬儀にお越しくださり、誠にありがとうございます。

喪主代理

私は故人の長女・瑞子の夫、和之と申します。喪主である義母《はは》が高齢のため、代わりましてごあいさつ申し上げます。

死因

義父《ちち》は享年《きょうねん》83歳でございました。18日の朝、起きてこないので妻が見に行ったところ、すでに息を引き取っておりました。心不全でした。苦しまずに逝《い》ったことがせめてもの慰めと考えております。

故人の趣味・人柄

義父は物事にこだわらない鷹揚《おうよう》な性格でした。だれに対しても声を荒げるようなことがなく、孫を可愛がる、良いおじいちゃんでした。晩年まで通っていた囲碁クラブでも、囲碁を通じて大勢の方とのおつき合いを楽しんでいたと聞いております。

厚誼のお礼

みなさまには、生前のご厚情を心から感謝いたしております。故人に代わり、お礼申し上げます。

本日は、最後までお見送りいただきまして、ありがとうございました。

あいさつの流れ

①喪主の代理である断り
喪主に事情があってごあいさつできない場合は、まずその事情を説明して、自分の立場をはっきりわかっていただくようにします。

②故人の思い出
家族や周りの人に対し、どのような人柄だったかを述べます。

③厚誼のお礼
高齢で亡くなった場合、お世話してくださった方がたくさんいらっしゃるはずです。心をこめてお礼を述べましょう。

親族代表のあいさつ

子どもに恵まれなかった叔母を送る

70歳女性
・子どもに恵まれず
・甥の自分を愛した
・生け花が生きがい

話し手
親族代表
甥

2分30秒

焼香のお礼

本日は叔母○○の葬儀・告別式にご焼香《しょうこう》くださり、ありがとうございました。ここに出棺《しゅっかん》の運びとなりました。私は甥の光一郎と申します。

事故死

叔母は一昨日、買い物の途中で事故に遭い、救急車で病院に運ばれましたが、その途中で呼吸停止になりました。享年《きょうねん》70歳。あまりに突然の死でした。

思い出

私は、子どもに恵まれなかった叔母に本当の子どものようにかわいがってもらいました。叔母は叔父が亡くなってから、趣味の生け花に磨きをかけ、とても充実した毎日を送っていました。その叔母の声がもう聞けないなんて、まだ信じられない思いでいっぱいです。気持ちの整理がつくまではまだ少し時間がかかりそうです。

会葬のお礼

本日は突然のことにもかかわらず、大勢のみなさまにご会葬いただきましてありがとうございました。心からお礼申し上げます。

これまでのみなさまのご厚誼《こうぎ》に感謝しますとともに、これからも変わらぬご厚情を賜りますよう、お願い申し上げます。

あいさつの流れ

①自己紹介
忙しいなかを葬儀に参列してくれたことへのお礼を述べ、あわせて故人との関係を紹介します。

②故人の思い出
事故の様子を簡単に述べ故人の人柄や思い出を語ります。突然の事への驚きは素直に表してよいでしょう。

③厚誼へのお礼
これまでの厚誼へのお礼と変わらない厚情をお願いします。

親族代表のあいさつ

外国生活が長かった伯母を送る

69歳
女性

・転倒による事故死
・夫の赴任で海外生活
・明るく朗らかだった

話し手
喪主
甥

2分30秒

参列のお礼

本日はお足元の悪いなか、このようにたくさんの方にご会葬いただきましてありがとうございました。○○○○の甥の、河瀬俊彦と申します。

死因

伯母は外出中に転倒し、頭を打って病院に運ばれましたが、そのまま息を引き取りました。享年69歳でした。

エピソード

伯父の海外赴任に伴い、伯母は長年スペイン、メキシコ、中南米などに住んでおりましたが、10年ほど前に伯父が亡くなってから日本に帰ってきておりました。当時は少々気落ちしていましたが、それでも生来陽気な性格の伯母は、新たな友だちをつくって、生活を楽しんでいました。

故人への思い

海外生活が長かった伯母は、私にとっては経験豊富で視野が広く、冷静な意見を述べてくれる大切な人生の先輩でした。母亡き後は、自分で考える以上に伯母を頼りにしていたような気がします。

厚誼のお礼

故人への生前のご厚誼に感謝し、伯母に代わりみなさまのご多幸をお祈りしてあいさつとさせていただきます。

本日はありがとうございました。

あいさつの流れ

①参列のお礼
会葬者に年配の方が多い場合は、気づかいのことばを入れるのもいいでしょう。

②故人のエピソード
故人のいきいきとした性格を物語ります。

③故人への思い
自分にとって故人はどんな人物で、いかに大きな存在だったか、正直な気持ちを吐露できるいい機会になるでしょう。

親族代表のあいさつ

妹に代わって甥の死を悼む

16歳 男性
- すい臓がんで死亡
- バスケットボール部で活躍
- 繊細な性格だった

話し手
親族代表 伯父

2分30秒

参列のお礼

本日はお忙しいところ、故○○○○の告別式に丁重なご弔問をいただき、誠にありがとうございます。○○の伯父にあたります、田畑修一と申します。喪主《もしゅ》である故人の母、佑子の動揺が治まらないため、親族を代表しましてひとことごあいさつ申し上げます。

死因

○○はすい臓がんのため、入院先の病院で亡くなりました。16歳という若さでした。スポーツ好きだった○○は、体力もあり、家族もまさかがんになるとは想像もしていなかったでしょう。自覚症状もなく、どうもおかしいと医者に行ったときは、すでに手遅れでした。

故人の人柄

身体も大きく、バスケットの試合では大胆なプレイもする○○も、実は繊細できちょうめんなところがありました。父親を早くに亡くしたせいか、人の気持ちに敏感で優しく、常に母親を気づかっておりました。

厚誼のお願い

みなさまからこれまでにいただいたお心づかいに感謝いたしますとともに、これからも残された者に変わらぬご厚情をお願いいたします。

本日はありがとうございました。

あいさつの流れ

①参列のお礼
身元を明らかにし、喪主の代わりにあいさつする理由を述べます。

②死因とその前後の様子
喪主がショックであいさつできない状況である場合、話し手に求められるのは冷静さです。感情が高ぶりそうになったら、いったん話を止め、気持ちを落ち着かせるようにします。

③厚誼のお礼
これまでのお礼とともに、遺族にも変わらぬおつき合いをお願いします。

親族代表のあいさつ

姉に代わって姪を送る

26歳 女性
・クモ膜下出血による死
・仕事に興味と生きがい
・しっかりした性格

話し手
親族代表
叔父

2分30秒

参列のお礼

本日はこのように大勢の方にご会葬いただきまして、まことにありがとうございます。私は○○○の叔父、吉井卓也と申します。喪主である○○○の母親が現在病気療養中でございますので、遺族、親族を代表いたしまして、私がひとことごあいさつを申し上げます。

死因

○○○は、4日夜就寝中に、突然クモ膜下出血を起こし、すぐ病院に運びましたが、そのまま意識が戻らず、5日午後10時32分に死去いたしました。享年《きょうねん》26歳でした。

故人の性格

以前から興味のあったサービス関係の仕事につくことができ、ようやく責任ある仕事を任され、「面白さがわかってきた」と申していた矢先のことでした。しっかりした子だっただけに、不憫《ふびん》でなりません。

厚誼のお礼

生前みなさまにはひとかたならぬお世話になり深く感謝申し上げます。職場のみなさまにはご迷惑をおかけすることと存じますが、なにとぞよろしくお願い申し上げます。

本日はありがとうございました。

あいさつの流れ

①参列のお礼
自己紹介のあと、喪主の代わりに自分があいさつする理由を説明します。

②故人の思い出
年長者として気にかけていたこと、故人がいろいろな面で成長を見せていたことなどを述べ、故人の人柄を語ります。

③厚誼のお礼
職場関係の人が多い場合は、迷惑をかけることに対し、詫びることばを入れる配慮もあっていいでしょう。

親族代表のあいさつ

妹に代わって義弟を送る

48歳 男性
・喪主の妹に代わって
・陽気で明るい性格
・酒好きの話好き

話し手 **親族代表 義兄**

2分30秒

参列のお礼／喪主代理／死因／故人の人柄／厚誼のお礼

本日は○○○○の葬儀・告別式にご参列いただき、誠にありがとうございました。義兄に当たります上野智也と申します。

本来なら妹がごあいさつ申し上げるところですが、あいにく体調を崩してしまいましたため、私が代わってひとことごあいさつ申し上げます。

義弟の○○は胃がんのため、一昨日世を去りました。48歳の若さでした。本人が知ったのは2年ほど前で、がんと闘い続けましたが、ついに力尽きました。本人も残りの人生を充実させようと努力し、家族とも存分に話し合い、心やすらかに、旅立っていきました。

○○は、身内が申しますのもなんですが、りっぱな人柄の男でした。酒好きで、飲みだすと時にはくどくなりましたが、そんな時でも人の悪口は決して言いませんでした。妹も幸せだったことと思います。

故人への生前のご厚誼《こうぎ》に感謝し、義弟《おとうと》に代わりましてみなさまのご多幸をお祈りし、あいさつとさせていただきます。

本日はありがとうございました。

あいさつの流れ

①喪主の代理である断り
きょうだいに代わってあいさつをする場合、その事情と喪家との関係を説明します。

②死因とその前後の様子
自分のがんを知りながらも前向きに生きようとした義弟の努力を称えながら、それによって充実した人生を送れたことを参列者に報告します。

③故人の人柄
血はつながらないながら、親しい関係にあったものから見た故人の人柄を語るエピソードを述べます。

生後2年で亡くなった孫

2歳男児
・事故死
・元気でよく笑う子
・お絵描きが好きだった

話し手
遺族
祖父

2分30秒

喪主に代わって

みなさま、本日は孫息子○○のためにお集まりいただきまして、ありがとうございます。○○の祖父でございます。

何分にも父親、母親とも動揺が激しいため、私が代わりましてごあいさつ申し上げます。

孫の思い出

○○はまだ2歳と6カ月でしたが、大きな声で笑う元気のよい子でした。絵を描くのも好きで、画用紙にクレヨンで絵を描いてははしゃいでいた姿を思い出します。たった2年と6カ月の年月で世を去ってしまった○○ですが、忘れられない思い出を私たちに残していってくれました。

厚誼のお願い

残された私たち家族が力を合わせ懸命に生きていくことが、○○への何よりの供養《くよう》と信じています。みなさまには今後も何かとお力添えをお願いすることもあるかと存じますが、どうか変わらぬご支援を賜りますよう、喪主《もしゅ》に代わりまして心よりお願いいたします。

本日は誠にありがとうございました。

あいさつの流れ

①喪主の代理である断り
喪主があいさつできる状態ではないため、代わって弔問客にあいさつする旨を始めに述べます。

②思い出
幼児の死はとくに辛いものです。死因が事故の場合は特に、遺族も傷つきます。詳細を語る必要はないでしょう。

③厚誼のお願い
立ち直ろうとし、またそのために助力を求める家族の姿勢を示すと、会葬者の心も落ち着きます。

親族代表のあいさつ

長男である喪主の代理として

78歳女性
・やさしい祖母だった
・生け花の師匠だった
・リハビリに励んでいた

話し手
遺族
孫

2分30秒

参列のお礼

本日はお忙しいところ、祖母○○○○のためにお集まりいただき、誠にありがとうございます。私は孫の亮太と申します。喪主《もしゅ》である父が病気療養中でございますので、私が代わってごあいさつ申し上げます。

死因

祖母は21日午後6時17分、入院先の病院で息を引き取りました。78歳でした。昨年脳梗塞《のうこうそく》で倒れ、リハビリに励んでいたのですが、5月に再発したのが不運でした。親族一同で最期を看取ることができたのがせめてものことでした。

故人の人柄

祖母は穏やかで、気持ちの温かい人でした。お花のお弟子さんたちにも、また私たち孫にも常に気づかいを忘れませんでした。私の両親はともに体が弱かったので、祖母の元に預けられることも多く、私は自他共に認める〝おばあちゃんっ子〟で、小さいころから可愛がってもらった思い出がたくさんあります。

厚誼のお礼

みなさまには、祖母存命中のご厚誼《こうぎ》に深く感謝いたします。

本日はありがとうございました。

あいさつの流れ

①喪主の代理である断り
喪主が高齢や病気治療中であいさつができないこともあります。そんなときは自己紹介し、代理となる理由を述べましょう。

②故人の思い出
故人の人柄を偲ばせる、可愛がってもらった孫ならではのエピソードが紹介できれば、故人への供養にもなります。

③厚誼のお礼
高齢で亡くなった場合、これまでお世話になった方も多いので、気持ちをこめてお礼を述べましょう。

親族代表のあいさつ

長女である喪主の代理として

74歳　男性
・冗談好きで陽気な性格
・手品が趣味
・ボランティアで施設に訪問

話し手
遺族
娘婿

2分30秒

参列のお礼

本日はお寒いなか、故○○○○の葬儀・告別式にご参列いただき、誠にありがとうございます。私は故人の長女・美耶子の夫、邦明と申します。喪主の美耶子が臥《ふ》せっており、私が代わりにごあいさつさせていただくことになりました。これほど多くの方に来ていただいて、義父《ちち》も喜んでいることと思います。

死因

義父は3年前血液がんになり、年齢的に移植は難しいことから、抗がん剤で治療しておりましたが、今年になって急に悪化し、1月9日に亡くなりました。享年《きょうねん》74歳でした。

故人の人柄

義父は冗談が好きで陽気な人柄で、周りにはいつも笑いが絶えませんでした。特技が手品で、施設にボランティアに行き、みなさんに喜んでもらうのを生きがいにしておりました。

厚誼のお礼

生前にみなさまから受けたご厚情に、遺族・親族一同心からお礼申し上げます。

本日はありがとうございました。

あいさつの流れ

① **参列のお礼**
義理の関係といっても、遺族には変わりがありません。堂々とお礼を述べます。

② **故人の思い出**
血縁のある関係より客観的に語れる立場を生かし、故人の美質を語りましょう。

③ **厚誼のお礼**
喪主である妻の気持ちになり代わってお礼を言います。

親族代表のあいさつ

施設にいた祖父を送る

91歳男性

・施設に入居していた
・肺炎を悪化させて死亡
・小さいころ遊んでくれた

話し手
喪主
孫

2分30秒

参列のお礼　死因　故人への思い　厚誼のお礼

本日はお忙しいなか、祖父○○○○のためにお集まりいただき、ありがとうございました。生前お世話になりました大勢のみなさまに、こうしてお見送りいただけ、祖父も喜んでいることと思います。

祖父は入院先の病院で肺炎が悪化し、世を去りました。91歳でした。勤務先が離れている関係で、私は月に2、3度しか祖父の様子を見に行くことができませんでした。祖父は私がだれかわからないこともありましたが、それでもニコニコ笑って迎えてくれました。

祖父との思い出は、ごく小さいときのことばかりです。それでも遊んでくれたこと、歌ってくれた歌のことは忘れられません。

祖父の面倒を見てくださった方々、やさしく接してくださった方々には感謝してもしきれない思いです。いろいろありがとうございました。

そして未熟な私ですが、どうかこれからもご指導いただけますよう、よろしくお願い申し上げます。

本日はありがとうございました。

あいさつの流れ

①参列のお礼
高齢の場合、施設に入っているケースも多いでしょう。そのことについて、とくに言及する必要はありません。

②故人への思い
最近のことでも、ずっと以前の思い出でも、祖父と孫の関係を物語るエピソードがあれば述べます。

③厚誼のお礼
祖父の面倒を見てくれた方々がいらっしゃれば、とくに思いをこめてお礼を言います。

親族代表のあいさつ

長寿の祖母を送る

93歳 女性
・孫と2人暮らし
・料理がうまかった
・気のつくやさしい人柄

話し手
喪主
孫

2分30秒

参列のお礼

本日は、祖母○○○○の葬儀・告別式にご参列いただきまして、ありがとうございました。私は孫の幹生と申します。

故人への思い

祖母は93歳で亡くなる直前まで、元気にしておりました。得意の料理も、さすがにあまり手のかかるものはやらなくなっていましたが、簡単なものは人に頼らず自分でやりたがりました。母が病弱だったので、私は幼い頃から祖母の料理を食べて育ち、祖母の歌を聞いて大きくなったようなものです。大きな声で怒られたことも、ほとんどありませんでした。

厚誼のお礼

私が不在の昼間など祖母を気にかけて、いろいろ面倒をみてくださったご近所のみなさまには、本当にお世話になりました、心から感謝いたしております。私だけでは祖母と2人の生活をやっていくことができなかったかもしれません。みなさまにお見送りいただくことができて、祖母もさぞ喜んでいることでしょう。

本日は、ありがとうございました。

あいさつの流れ

①故人の思い出

高齢なので、周りもある程度覚悟はしているでしょう。また全体的に体が弱る、いわゆる老衰の場合、ことさら死因を挙げる必要もないでしょう。

②厚誼のお礼

お世話になった近所の方々が参列していてくださるなら、これまでのお礼もひとこと述べておきましょう。

社葬でのあいさつ

社葬の特徴

社葬は会社が主催する葬儀で、主に現職の会長や社長、副社長、元社長の相談役など会社のトップ、あるいは殉職した社員に対して行われるものです。公式な行事としての性格が強くなります。会社の規模や業種にもよりますが、社葬の成否によって事業に影響が出るようなケースもあります。

葬儀委員長は会社の社長や役員が務めることが多く、業界の代表者に任される場合もあります。

あいさつの内容は入念にチェックを

取引先や属する業界、関連団体などからも参列があるので、社葬の出来は会社への評価にもかかわってきます。ことにトップを失って会社の今後が注目される場合などは、表現に十分な注意が必要です。

たとえば社葬である以上、故人の経歴、業績の紹介は不可欠です。年度や固有名詞、称号などについては、前もって遺族に確認するなど、入念な準備と気配りが必要です。

また、ただ故人の功績を称えるだけでは人間味が薄いので、人柄についても触れたいものです。参列者も、故人に対し親しみをもちやすくなるでしょう。

会社としての意思を表明

結びでは、社員一丸となって故人の遺志を受け継ぐ決意であることをあらためて示します。さらに会社への今後の厚誼《こうぎ》のお願いへとつなげ、遺族への支援のお願いも必ず述べましょう。

社葬でのあいさつ

会社代表のあいさつ①

72歳 男性
・30年前に創業
・現在は会長
・業界の先駆者

話し手
葬儀委員長
社長

3分

自己紹介

株式会社△△建設・社長の浅間正と申します。本日は葬儀委員長を仰せつかりましたので、ひとことごあいさつをさせていただきます。

会葬のお礼

本日はお忙しいところ、また突然のことにもかかわらず、△△建設・会長○○○○の葬儀にご会葬くださいまして、誠にありがとうございました。先ほどはお心のこもった弔辞を賜りまして、ありがとうございました。遺族ならびに会社を代表いたしましてお礼申し上げます。

故人の功績

○○会長は、30年前にわが社を一代で起こした創業者です。社業を発展させるために全国を駆け回り、新技術を導入するなど、業界のパイオニア的存在でもありました。今後は故人の遺志を継ぎ、社業を発展させるように全社をあげて努めてまいりたいと思います。

厚情のお願い

関係者のみなさまには、故人の存命中と変わらないご指導とご鞭撻《べんたつ》をお願い申し上げます。また、遺族に対しましても、変わらないご厚情を賜りますよう、お願い申し上げます。簡単ですが、ごあいさつとさせていただきます。本日はありがとうございました。

あいさつの流れ

①**参列者へのお礼**
葬儀に参列してくれた人へのお礼を遺族と会社を代表する立場から述べます。

②**故人の業績**
故人の積極的な人柄や創立時のエピソードなどを語りながら、その遺志を後輩たちが継いでいく決意を表明します。

③**厚情のお願い**
会社の関係者や遺族に対して、今後の厚情をお願いします。

社葬でのあいさつ

会社代表のあいさつ②

76歳
男性

・仕事でらつ腕をふるう
・温厚な人柄だった
・社長の遺志を継ぐ決意

話し手
葬儀委員長
専務

2分30秒

参列のお礼

本日はかくも多数の方々にご参列賜り、誠にありがとうございました。おかげさまで、△△商事株式会社社長、故○○○○殿の葬儀、ならびに告別式を滞りなく終了することができました。私は代表取締役専務の前田達郎と申します。葬儀委員長としてごあいさつ申し上げます。

故人の業績と人柄

○○社長は7月21日午前8時15分、ご家族が見守られるなか、76歳の生涯を閉じられました。故人は入社以来50余年、社の発展に尽くしてこられました。当社が業界で確固たる地位を築くことができたのも、○○社長の指導力のおかげであります。またその温厚な人柄においても、当社のみならず業界で多くの方々に慕われてきました。

厚誼のお願い

今後は社長の遺志を受け継ぎ、社員一丸となって社業の発展のために努力していく所存でございます。これまでと同様、みなさまのご指導、ご鞭撻《べんたつ》を賜りますようお願い申し上げます。またご遺族のみなさまにも、変わらぬご厚誼《こうぎ》を賜りますよう心からお願い申し上げ、ごあいさつとさせていただきます。本日は、ご会葬誠にありがとうございました。

あいさつの流れ

①参列のお礼
社の代表として、参列者に対する気配りと品格のあるあいさつが求められます。

②会社の業績と故人の人柄
経歴を紹介するだけでなく、会社をあげて故人の業績を称える役割があります。

③今後の決意と厚誼のお願い
故人の遺志を継ぐ決意は、会社の代表として必ず述べましょう。

社葬でのあいさつ

会社代表のあいさつ③

63歳
男性

・社長とともに会社を起こす
・理論家だが気さく
・ハーバード出身

話し手
葬儀委員長
専務

2分30秒

参列のお礼

本日はお忙しいなか、代表取締役副社長、故○○○○殿の葬儀にご参列賜りまして、誠にありがとうございます。遺族ならびに親戚一同、△△株式会社を代表いたしまして、厚くお礼申し上げます。

経歴と業績

○○副社長は去る3月18日の午後7時30分、生涯を閉じられました。故人はハーバード大学卒業後に帰国し、当時会社設立を考えていた現・平野社長に出会い、意気投合して弊社を設立いたしました。その後社長とともに精力的な活動を行い、英断を重ね、弊社を業界でも名が通る企業として成長させるに至りました。

今後の決意と厚誼のお願い

今後は副社長の遺志を受け継ぎ、社員一同、社業発展のためにまい進する覚悟でございます。この場をお借りし、みなさまには変わらぬご指導、ご協力を賜りますようお願いいたします。またご遺族のみなさまへも、故人存命中と変わらぬご厚誼を賜りますよう、お願い申し上げる次第でございます。

本日は、ご会葬誠にありがとうございました。

あいさつの流れ

①参列のお礼
故人の肩書き等は省略せずに述べますが、自己紹介は会社の代表として省く場合もあります。

②経歴と業績
故人の華やかな経歴は必ず紹介し、業績を称えます。

③今後の決意と厚誼のお願い
会社と遺族を代表し、それぞれへの変わらぬ支援をお願いします。

業界を代表して①

73歳
男性

・らつ腕を振るった実力者
・業界でも尊敬される人物
・会社の今後の発展を祈る

話し手
葬儀委員長
同業会長

2分30秒

参列のお礼

本日は株式会社△△会長、故○○○○殿の葬儀のために、遠路にもかかわらずご会葬くださり、誠にありがとうございます。ご遺族に代わりまして厚くお礼申し上げます。私は葬儀委員長を務めます伊藤信雄と申します。

故人の業績

故人は、先代から受け継いだ株式会社△△で社長として長年の間、らつ腕を振るってこられました。会長になられてからは、業界全体の更なる成長に大いに貢献されたのは、みなさまもよくご存知のことと思います。私も同業者として、長年その実力に尊敬の念を抱いてまいりました。

厚誼のお願い

残された者の務めとしては、故人の遺志を受け継ぎ、よりいっそう業界全体、そして社会のために貢献していく覚悟でございます。

最後になりましたが、ご遺族に対しましても、故人に賜りましたと同様のご厚誼《こうぎ》とご支援をお願い申し上げます。はなはだ簡単ではございますが、ひとことごあいさつさせていただきました。

本日はありがとうございました。

あいさつの流れ

①参列のお礼
故人と同じような社会的地位のある同業者が葬儀委員長を任される場合、あまりその地位を前面に押し出さないほうがいいでしょう。

②故人の業績
個人的なつき合いが少ない場合は、業界への貢献をアピールします。

③厚誼のお礼
故人の会社だけにとどまらず、業界全体でも故人の遺志を継いでいくという姿勢を示します。

社葬でのあいさつ

業界を代表して②

79歳 男性
・戦後、会社を起こした
・業界の発展に尽くした
・偉ぶらない謙虚さ

話し手
葬儀委員長
同業会長

2分30秒

参列のお礼

本日は△△電気工業株式会社取締相談役の故○○○○殿の葬儀にこのように大勢の方にご参列賜りまして、誠にありがとうございます。葬儀委員長を勤めさせていただきます××工業株式会社の室谷清と申します。

業績と人柄

故人は戦後間もなく△△電気工業株式会社を立ち上げ、社長として一大企業に育て上げたのち、同社会長、そして取締相談役として社業の発展のために力を尽くされました。また企業人としても、業界の発展のために努力を怠りませんでした。人間としても偉ぶることのない度量の広い方で、同業の私も長年気持ちのよいおつき合いをさせていただき、たいへん感謝しております。

今後の決意と厚誼のお願い

今後は△△電気工業株式会社に限らず、弊社を含め業界全体で故人の遺志を受け継いでいくべく、努力してまいる所存です。△△電気工業株式会社のみなさま、そして遺族の方々にも故人存命中と変わらぬご厚誼を賜りますよう、心からお願い申し上げます。

本日はご会葬いただき、誠にありがとうございました。

あいさつの流れ

①参列のお礼
同業他社の場合、自分の地位についてはことさら述べなくてもかまいません。

②業績と人柄
業績を称えるのは不可欠ですが、人柄を物語るひとことがあると、故人の人間性に、より親しみを持ちやすくなります。

③厚誼のお願い
遺族ならびに故人の会社に対し、今後の厚誼を願うことばを述べます。

社葬でのあいさつ

業界を代表して③

65歳男性

・社業の発展に尽くす
・前向きな努力家
・故人を見習って

話し手
葬儀委員長
取引先の社長

2分30秒

参列のお礼

本日はお忙しいなか、かくも多数のみなさまに××産業株式会社社長、故○○○○殿の葬儀にお運びいただき、誠にありがとうございます。葬儀委員長の丸山太一と申します。△△株式会社の代表をいたしております。

経歴と業績

故人は昭和42年に入社以来めきめきと頭角を現し、平成13年に社長に就任なさってからは、みなさまもご存知のとおり社業発展のために尽力されました。弊社は創業以来おつき合いをいただいておりますが、故人の常に努力を怠らない前向きな姿勢は見習うべきものと感服いたしておりました。

今後の決意と厚誼のお願い

今後は××産業株式会社のみなさま、そして弊社も故人の遺志を受け継ぎ、業界の発展のためにさらに力を尽くすよう、努力する所存です。これまでと同様、みなさまのご指導、ご鞭撻《べんたつ》を心よりお願い申し上げます。また、遺族のみなさまにも、変わらぬご厚誼《こうぎ》を賜りますよう、お願い申し上げます。

本日は長時間にわたりご参列いただき、誠にありがとうございました。

あいさつの流れ

①参列のお礼
社葬・団体葬で、特に他社の葬儀委員長としてあいさつする場合は「殿」を使うことがあります。

②経歴と業績
限られた時間なので、長い経歴をすべて紹介する必要はありません。業績も取捨選択して述べます。

③厚誼のお願い
会社の今後は、重要な問題です。葬儀委員長としては、十分気を配ってことばを選びましょう。

社葬でのあいさつ

同業者を代表して

71歳 女性
・会社発展の功労者
・女性らしい気配り
・ゴルフ仲間だった

話し手
世話役代表
同業者

2分30秒

参列のお礼

本日はご多忙のなかご会葬くださいまして、誠にありがとうございます。おかげをもちまして、株式会社△△会長、故〇〇〇〇殿の社葬葬儀、ならびに告別式はつつがなく終了いたしました。私、××会社の富岡義三が葬儀委員長といたしまして、ひとことごあいさつを申し上げます。

経歴と業績

故〇〇〇〇殿は、前社長のご主人と株式会社△△を現在の繁栄に導いた功労者でありました。女性らしい気配りに加え、いざというときのらつ腕ぶりは業界でも、この人ありと評価されていました。

故人の人柄

私が親しくおつき合いさせていただくようになりましたのは、ゴルフを通じてのことでした。仕事でのつながりもさらに深まったように思っておりましたので、もう仕事の話もゴルフもできないのかと思うと、大変残念でございます。

厚誼のお願い

今後、株式会社△△一同のみならず、業界全体が故人の遺志を受け継ぎ、株式会社△△がいっそう発展するためにも、変わらぬご協力、お引き立てをお願い申し上げます。本日は誠にありがとうございました。

あいさつの流れ

①参列のお礼
代表者の立場を踏まえて、参列者に対し気配りのあるあいさつにします。

②経歴と業績
会社だけではなく、自分の属する業界にとっても非常な損失であることを強調します。

③厚誼のお願い
社葬なので、遺族に対するというより、会社に対する今後の厚誼をお願いするほうにウエイトを置きます。

お別れの会でのあいさつ

お別れの会とは

最近増えているお別れの会とは、密葬・家族葬など家族や身内のみで葬儀を終えたあと、告別式の代わりにホテルなどの式場を借り、あらためて知人、友人などを招くという新しいスタイルで、葬儀・告別式・法要を兼ねて行われるケースが多いようです。

故人の友人などが発起人となるのが一般的です。通夜に続いて行われる通常の告別式とは違い、葬儀を終えてしばらく時間が経っていることが多いので、遺族のショックも落ち着き、より冷静に対処でき、より納得のいく式が行えることも利点のひとつです。

無宗教で行うケースが多い

通常の葬儀・告別式と違う点は、まず宗教色を出さないケースが多いことです。宗教的な決まりごとがなくてすむため、招くほう招かれるほうともに、形式にこだわる必要がありません。

多くはパーティー形式で、和やかに故人の思い出話を語りあうことができます。飾りつけ、料理、流す曲の選択などに、故人の個性を反映させられるので、あいさつもより自由で、型にはまらないもののほうがふさわしいでしょう。人間味を感じさせ、場合によっては多少ジョークの入った、ほのぼのとした温かさを感じさせるスピーチが許される場合もあります。

発起人としては、まず遺族を気づかうこと、そして許される範囲を認識しておくことが肝要です。遺族は招かれる立場ですから、発起人へのお礼が不可欠です。

お別れの会でのあいさつ

野球部の仲間として

58歳男性
・高校時代は野球部
・野球部の思い出
・形式だけでない葬儀

話し手
世話役代表
友人

3分30秒

出席のお礼

本日はお忙しいなか、故○○○○君の「お別れ会」にご出席いただき、ありがとうございます。私は○○君とは高校時代の同級生の松本悟と申します。生前からの故人との約束で世話役を務めさせていただきました。会に先立ちひとことごあいさつをさせていただきます。

野球部の思い出

○○君と私は高校時代に野球部に所属していました。○○君は投手、私は捕手として甲子園をめざしました。残念ながら甲子園はあと一歩のところで出場はかないませんでしたが、仲間の結束は固く、年を取ってからも毎年のように同窓会を開いています。3年前に同級生の一人が亡くなり葬儀に参列したあとで、私は○○君から形式だけの葬式はやらないでほしいと頼まれたのです。

展示品の案内

そして、ご遺族からも要望がありましたので、本日、祭壇《さいだん》の横に「△高校野球部の思い出コーナー」をつくらせていただきました。

ここには○○君の高校時代の思い出が詰まっています。ご参列のみなさまにご覧いただければ、故人の何よりの供養になることと思います。

あいさつの流れ

①参列者へのお礼
「お別れ会」に参列してくれた人へのお礼と自己紹介をします。

②故人の思い出
故人の思い出と、自由葬にした経過などを簡単に述べます。遺族からも要望があったことを断ります。

③展示品の案内
故人の青春の1ページである野球部の思い出の品を展示することで、故人を偲び供養とします。

お別れの会でのあいさつ

商店会の友人として

77歳男性
・和装小物屋の店主
・地元の商店街育ち
・進取の気象があった

話し手
世話役代表
友人

3分30秒

自己紹介　死因　進取の気象　お願い

栄商店会会長の上村政司と申します。和菓子屋のおやじです。ご遺族、ご親戚に代わり、世話役代表としてひとことごあいさつ申し上げます。

本日はお足もとの悪いなかを「和装小物店井上」の店主○○○○さんのご葬儀、ならびに告別式にご参列くださいまして、誠にありがとうございました。おかげさまで式は滞りなく、出棺《しゅっかん》の運びとなりました。

○○さんは一昨日、肺炎のために亡くなりました。77歳でした。故人と私は幼なじみで、かれこれ70年近いつき合いになります。同じ地元の商店街で生まれ育った仲ですから、兄弟以上の関係といってもよいかもしれません。何でも相談できる相手として、ともに商店会発展のために頑張ってきただけに、今回のことは残念でなりません。

○○さんは古い習慣にとらわれず新しいものを積極的に取り入れる進取の気象がある方で、私もずいぶん刺激を受け、励まされてきました。

これまで故人が賜りましたご厚情をどうかご遺族にも賜りますよう、お願いを申し上げて、ごあいさつとさせていただきます。

あいさつの流れ

①参列者へのお礼
同じ商店街に店を構えているなどの自己紹介をしたあと、世話役を代表して、参列者へのお礼を述べます。

②故人との思い出
故人とのかかわりを明らかにしながら、商店会の発展に寄与した故人の功績を紹介します。

③厚情のお願い
これまで故人が受けてきた厚誼に感謝し、遺族への厚情をお願いします。

お別れの会でのあいさつ

会社の後輩として

51歳 男性
・面倒見がよく親切だった
・人一倍の照れ屋
・仕事に対する情熱

話し手
発起人
後輩

2分30秒

参列のお礼

本日はお忙しいなか、故○○○○さんのお別れの会にお集まりいただき、ありがとうございます。発起人の岩佐祐樹と申します。△△株式会社営業部では、部下として大変お世話になっておりました。

故人の人柄と業績

○○さんはみなさまご存知のように、人間として大変大きな方でした。右も左も分からない新入社員の私に一から仕事を教えてくださった親切さ、また、お礼を言うと急にぶっきらぼうになるのも、今考えると○○さんの人一倍の照れ屋の表れでした。仕事に対する情熱も人一倍で、いつもチームの先頭に立って指揮を取っていらっしゃいました。そのおかげで我がチームは士気も上がり、営業成績では常に1、2位を争っておりました。あの経験は今の私の仕事に対する基本となっております。まだまだご活躍いただきたかったと非常に残念です。

厚誼のお願い

残されましたご遺族はまだ悲しみのなかにいらっしゃいます。故人、ご遺族に代わりまして、どうかみなさま、故人の生前と変わらないご厚《こう》誼《ぎ》・ご支援をよろしくお願い申し上げます。

あいさつの流れ

①参列のお礼
発起人は何人かいる場合もあるので、きちんと自己紹介をしましょう。

②故人の人柄と業績
社葬ではないので、会社での業績より、お世話になった後輩として故人の人間性を語るエピソードを中心に述べます。

③厚誼のお願い
遺族に対する厚誼・支援をお願いすることばで締めくくります。

お別れの会でのあいさつ

同業者として

67歳 男性
・輸入雑貨店を経営
・情報を集めるのがうまい
・釣り仲間

話し手
発起人
同業者

2分30秒

参列のお礼

みなさま、本日はお暑いなか、故○○○○君のためにお集まりくださり、誠にありがとうございます。発起人に名を連ねさせていただいております高木誠と申します。

故人の人柄・趣味

故人とは、△△区で輸入販売業を行うもの同士ということで、おつき合いさせていただきました。情報には大変敏感で、今人気の商品やこれからの売れ筋を熱心に研究していらっしゃり、私などはいつもお話を聞いて感心し、手本とさせていただきました。釣り仲間としてはお互いにライバルで、「今回は勝った！」「負けた」などと釣果を競って意地を張り合う仲でした。まだまだこれからというときに、残念でなりません。

厚誼のお願い

故人の跡を継ぎ、中心となってお店を経営なさっていかれる長男・快人君も、故人のご子息だけあってまっすぐなご気性です。みなさま、どうかこれからも「輸入雑貨××」、ならびにご遺族に対し、故人の生前と変わらぬご愛顧、ご支援をお願い申し上げます。簡単ではありますが、ごあいさつとさせていただきます。

あいさつの流れ

①参列のお礼
告別式と違い宗教色のない、「お別れの会」が増えています。形式にこだわらず、気持ちのこもったあいさつが望まれます。

②故人の人柄・趣味
パーソナルな性格をもつ「お別れの会」では、故人の性格や趣味を中心にしたスピーチのほうが親近感が持たれ、ふさわしいでしょう。

③厚誼のお願い
後継者がいるときは、今後の厚誼をお願いすることを忘れずに。

会社の上司として

38歳男性
・理想的な部下だった
・素直で仕事熱心
・子ぼんのうで家族思い

話し手
発起人
上司

2分30秒

参列のお礼

本日は、故○○○○君のお別れ会に足をお運びいただき、誠にありがとうございます。△△商事株式会社営業部長の上田政也と申します。発起人の一人として、ひとことごあいさつさせていただきます。

故人の人柄と業績

○○君は上司の私から見て、理想的ともいえる部下でした。常に与えられた課題以上の成果をあげることを目標とし、努力を怠りませんでした。かといって、チームのなかで浮き上がるわけでもないのは、素直な性格でだれからも好かれていたからかもしれません。人の言うことを聞く耳を持っていたのです。まさにこれからというときでした。

また営業部でも有名な子ぼんのうで、2人のお子さんのことを常に気遣っていました。

厚誼のお願い

残された奥さんの由香里さん、そして雄人君と秀人君のお2人の息子さんのため、私どもも微力ながらできる限りお力になりたいと考えております。みなさまもどうかご支援・ご助力をお願い申し上げます。

本日は、ありがとうございました。

あいさつの流れ

①参列のお礼
話す内容で上司であることは自然にわかります。「上司」をことさら言い立てる必要はありません。

②故人の業績・人柄
会社の上司としてあいさつする場合、部下としての美点を語ることが求められます。人柄を語るエピソードがあればよりいっそう故人の人間性を示すことができるでしょう。

③厚誼のお礼
遺族にまだ幼いお子さんがいる場合などは、とくに支援のお願いを強調します。

お別れの会でのあいさつ

遺族としてお礼のあいさつ①

44歳男性
・食道がんだった
・一生懸命ながんばりや
・診断よりも長く生きた

話し手
遺族
妻

2分30秒

参列のお礼

本日はあいにくの天気のなか、夫○○○○のためにお集まりいただきまして、ありがとうございます。○○もこのように多くのみなさまにおいでいただき、喜んでいることと思います。

病気の様子

食道がんの手術をしましたのは3年ほど前ですが、肝臓への転移がわかったのは昨年になってからでした。余命半年という診断が下されたときは、私自身、目の前が真っ暗になる思いでしたが、夫のがんばりに逆に励まされる毎日でした。

家族の思い

診断よりも長く生きることができたのは、本人の気持ちもあったのかもしれません。いつでも一生懸命ながんばりやでした。最後の年月をいっしょに生きることができたのは私たち家族にとっての贈り物でした。

厚誼のお礼とお願い

これまでお世話になりましたみなさまがたに、故人に代わってお礼を申し上げるとともに、私ども家族のために変わらぬご厚誼《こうぎ》をいただければ幸いです。面倒を見てくださった発起人のみなさまにも、あらためてお礼を申し上げます。本日はありがとうございました。

あいさつの流れ

①**参列のお礼**
葬儀で喪主に当たる遺族が、最後に参列者にお礼を述べることが多いようです。

②**病気の様子**
形式ばらなくていい会なので、自分の率直な気持ちを述べましょう。

③**厚誼のお礼とお願い**
これまで夫が世話になったことへのお礼を中心に述べます。

お別れの会でのあいさつ

遺族としてお礼のあいさつ②

78歳女性
・密葬の報告
・にぎやかなことが好き
・わがままだが憎めない性格

話し手
遺族
長女

2分30秒

参列のお礼

本日は、母○○○○のために大勢の方においでいただき、誠にありがとうございます。にぎやかなことの大好きな母でしたから、きっと大喜びしていることと思います。発起人のみなさま、いろいろありがとうございました。

最期の様子

家族だけで密葬を済ませた後も、たくさんの方々が「お別れをしたい」と言ってくださり、実は家族も大変驚きました。けれども、やはりこのままではみなさまに申し訳がないと、いろいろな方のお力をお借りして「お別れの会」を行うことになりました。

母は健康にも恵まれ、元気に暮らしておりました。ある朝起きてこないので、見に行くと、心筋梗塞《しんきんこうそく》でもう助からない状態でした。ある意味、さっぱりと母らしく旅立っていったといえるのかもしれません。

厚誼のお礼

わがままな母をこれまで大目に見てくださった多くのみなさまがたに、母に代わりまして厚くお礼を申し上げます。また、これからもどうか未熟な私ども家族をお見守りくださいますよう、お願い申し上げます。

あいさつの流れ

①参列のお礼
出席してくださった感謝のことばを述べます。

②最期の様子
亡くなってから時間も経っている「お別れの会」の場合、故人の最期の様子も比較的冷静に述べられるでしょう。

③厚誼のお礼とお願い
故人が面倒をかけたであろう方々に、遺族としてお詫びの気持ちを示します。

お別れの会でのあいさつ

遺族としてお礼のあいさつ③

62歳 男性
・わがままな生き方
・子ぼんのうな父親
・オートバイやサーフィン

話し手
遺族
長男

2分30秒

参列のお礼

本日は、父〇〇〇〇のために多くのみなさんにおいでいただき、感謝いたします。父のため、このように立派な会を開いてくださった発起人の方々にも、遺族として深くお礼を申し上げます。

故人の趣味・人柄

ご存知の通り、父はサーフィンやオートバイなど趣味も多く、生きることを楽しんでいました。家族から見ると、勝手なものだと思うこともありましたが、ひとりの人間としてはうらやましいような気がしております。父親としては、私や妹のことを大変可愛がってくれるいい父でした。遊びに連れて行ってくれるのは、自分が行きたいところばかりで、自分自身が子どものようなところがありましたが、それでも楽しい思い出は心の中にたくさん残っております。

厚誼のお礼

これまで父に迷惑をこうむったという方は数多くいらっしゃると思いますが、父に代わっておわびとともに、心からのお礼を申し上げます。また、私や妹もこれからみなさまにお世話になると思います。申し訳ありませんが、どうぞ今後も私どもをよろしくお願いいたします。

あいさつの流れ

①参列のお礼
遺族側のあいさつでは、必ず世話になった発起人へのお礼を述べましょう。

②故人の趣味・人柄
遺族ならではの、故人の性格を語るエピソードを。

③厚誼のお礼とお願い
故人がこれまでお世話をかけたことをわび、自分たちもよろしくお願いするのも、ジョーク交じりで言うのも、「お別れの会」でなら許される場合があります。

精進落としでのあいさつ

第4章

精進落としでのあいさつのマナー

精進落としの本来の意味

故人は、亡くなった日から7日ごとに7つの関所を通るとされ、最後の49日目の関所で生まれ変わる世界が定められると考えられていました。その間、遺族は喪《も》に服し、肉・魚などの生《なま》臭物《くさもの》を絶って精進料理で過ごす習慣がありました。四十九日《しじゅうくにち》の喪が明けると、通常の食事に戻り、このときの食事が精進落としです。

しかし、最近の都市部の葬儀では、火葬場から戻ってから「くり上げ初七日《しょなのか》」の法要を営むのが一般的になっています。これは1週間後にまた集う負担を軽減するためですが、この「くり上げ初七日」のあとに設ける宴席を最近は「精進落とし」席と呼ぶことが多いようです。僧侶《そうりょ》をはじめ、お世話になった人たちをもてなし、ねぎらうのが目的です。葬儀・告別式では上席にいた喪主《もしゅ》・遺族も精進落としの席では末席に座ります。

喪主のあいさつのポイント

葬儀では、参列された方々にあいさつをする場面が多く、悲しみのなかで疲労がたまります。しかし、精進落としの場では、身内や親しい人たちばかりなので堅苦しく、長いあいさつは不要です。

ただし、精神的な疲労から喪主が体調を崩すこともあるでしょう。そんなときは、遺族や親族が代わってあいさつをします。たとえば、高齢の母親が喪主の場合、子どもや親族があいさつをするケースがよくあります。

はじめのあいさつは、葬儀が無事に終わったことの報告とお礼がメインになり、一般的には次のような流れになります。

①葬儀の全工程を終えることができたという報告
②葬儀を取り仕切ってくださった僧侶に対するお礼
③葬儀に参列していただいたことへのお礼
④お世話をしていただいた方へのお礼
⑤会食の勧め
⑥締めのことば

会食中、1人ひとりの席を回ってお礼を

精進落としでは、喪主や僧侶のあいさつのあと、親族の代表に「献杯《けんぱい》」をしていただき会食が始まります。会食中、喪主や遺族はお世話になった方々の席を回り、お酌などをしながら感謝の気持ちを伝えましょう。

このとき、それぞれに故人との思い出があると思いますが、1人と話し込むのではなく、簡潔にお礼のことばを述べるようにしましょう。

閉会のあいさつのポイント

精進落としは、1～2時間で終わるようにしましょう。時間のころあいをみて、喪主か親族がお礼を述べ、納骨の日程が決まっていればその案内をして締めくくります。

会食中、遺族がお世話になった方々の席を回りますが、場合によっては話が長くなり、あいさつが終わらないケースもあるかもしれません。

そんなときは、「故人の思い出はつきませんが、みなさまの温かいお心に故人も感謝していると思います」など、これから締めのあいさつをすることを告げると、相手の気分を害さないで話を切り上げやすくなります。

喪主・遺族のあいさつ

長いあいさつは禁物

精進落としのあいさつでは、故人が生前にお世話になった感謝の気持ちとともに、通夜・葬儀でお世話になったお礼を述べます。

葬儀・告別式場から火葬場、そして精進落としの宴席と移動しているケースが多いでしょうから、参列者も相当に疲労がたまっているはずです。一連の移動は昼をはさんで行われることが多いので空腹を感じている参列者も多いはずです。いくらお礼のあいさつでも、聞く側からすれば長い話は勘弁してもらいたいものです。短い時間で簡潔にまとめながらも、お世話になった方々に気持ちが伝わるような話し方が大切です。

精進落としあいさつの5つのポイント

①葬儀を終えた報告

通夜から初七日の法要まで、みなさんのご協力で無事に終えることができたことを報告します。

②通夜・葬儀のお礼

通夜・葬儀に参列していただいたこと、生前の厚誼《こうぎ》に対して、故人になり代わってお礼を述べるというスタンスでのぞみます。

③世話人へのお礼

受付、案内係、お客さまの接待係などを引き受けてくれた人へ、名前や会社名をあげてお礼を述べます。

④会食の勧め

「お世話になりました」、「お疲れさまでした」という気持ちを込めて会食を勧めましょう。

⑤締めのことば

簡潔にお礼のことばを述べます。

喪主・遺族のあいさつ

妻からのお礼のあいさつ

72歳男性
・長期間療養していた
・友人たちが世話役
・天国でやすらかに

話し手
喪主
妻

2分30秒

［お礼］

このたびは、夫〇〇〇〇の葬儀に際しまして、ひとかたならぬご尽力を賜りまして、誠にありがとうございました。みなさまのお力添えを得まして、本日滞りなく葬儀・告別式、くり上げ初七日を済ませることができました。故人になり代わりまして、心よりお礼申し上げます。

［住職へお礼］

ご住職さまには、さきほどありがたいお経をいただき、ありがとうございました。厚くお礼申し上げます。

［世話役へお礼］

また世話役として諸事万端にわたりお世話くださいました後藤さま、山田さま、内藤さまにはあらためてお礼申し上げます。みなさま方のお力添えに遺族一同、心より感謝申し上げます。

夫も長年の患いから解放されて、今は天国でゆっくりと休んでくれていることと思います。みなさま方には夫の存命中と変わらぬご厚誼《こうぎ》を賜りますよう、心からお願い申し上げます。

［食事の案内］

長時間、さぞお疲れのことと存じます。心ばかりの席をご用意させていただきました。どうぞ、おくつろぎのひとときをお過ごしください。

あいさつの流れ

①**参列と協力のお礼**
長時間にわたり、葬儀に参列してくれた人たちへ、慰労と感謝のことばを述べます。

②**世話役などへのお礼**
僧侶へのお礼を述べたあと、世話役にお世話になった場合は具体的に名前をあげてお礼を述べます。

③**精進落としの膳の勧め**
精進落としの席への案内をし、慰労のことばをかけます。

喪主・遺族のあいさつ

夫からのお礼のあいさつ①

70歳女性
・ボランティア活動
・妻も感謝している
・世話役の方への感謝

話し手
喪主
夫

2分30秒

葬儀を終えたお礼

本日は、亡き○○○○の葬儀に際し、いろいろとお心づかいをいただきありがとうございました。おかげさまで、初七日忌まで滞りなく済ませることができました。

昨日の通夜、本日の葬儀と、みなさまには最後までお力添えをいただき、遺族一同、感謝の気持ちでいっぱいでございます。

世話人へお礼

生前、妻がお世話になったボランティアサークルのみなさんには、お客様の接待など雑事を引き受けていただき、ありがとうございました。また、受付を務めてくださった山下さん、井上さん、お世話になりました。妻も感謝していると思います。

会食の勧め

ささやかではございますが、精進落としの膳をご用意いたしました。故人の思い出話でもしていただければ、供養《くよう》になるかと思います。

簡単ではございますが、お礼のあいさつに代えさせていただきます。本当にありがとうございました。時間の許す限り、どうぞごゆっくりお過ごしください。

あいさつの流れ

①**葬儀を終えたお礼**
初七日法要まで無事に終えたお礼を述べます。最後まで協力していただいた感謝の気持ちを伝えます。

②**世話人へのお礼**
通夜、葬儀でいろいろな係りを務めていただいた方の労をねぎらいます。

③**食事を勧める**
精進落としの食事を勧め、故人を偲んでほしいことを伝えます。

④**締めのことば**
もう一度、感謝の気持ちを伝えて締めます。

喪主・遺族のあいさつ

夫からのお礼のあいさつ②

50歳女性
・思いもよらぬ事故死
・仕事と家庭を両立させて
・同僚の人たちへの感謝

話し手
喪主
夫

2分30秒

葬儀を終えたお礼

本日は、告別式、火葬場までおつき合いいただき、大変ありがとうございました。おかげさまで無事に初七日法要まで済みました。

みなさまには、昨日の通夜からいろいろとご協力をいただき、深く感謝いたします。

世話人へのお礼

なかでも、妻の会社の株式会社○○のみなさまには受付から雑務まで、様々なお力添えをいただき、本当にありがとうございました。事故という突然の出来事のため、業務への影響もあったことと思います。その対応もしていただきながら、私どものことまで面倒を見ていただき、妻も感謝していることでしょう。

会食の勧め

お口汚しではございますが、食事の用意をさせていただきました。故人の思い出話をしながら、お疲れを癒《いや》してください。故人はにぎやかなことが好きでしたので、ありし日の妻といっしょに会食をする気持ちでお過ごしいただければ、供養になると思います。

締め

簡単ではございますが、お礼のあいさつに代えさせていただきます。

あいさつの流れ

①**葬儀を終えたお礼**
初七日法要まで無事に終えたお礼を述べます。

②**世話人へのお礼**
突然の死で会社の関係者の協力あってこそ無事に葬儀を終えられたことへの感謝の気持ちを伝えます。

③**食事を勧める**
あまりしんみりとならないように、「お疲れを癒してください」という気持ちを伝えます。

④**締めのことば**
お礼を何度も繰り返さず、簡潔にまとめます。

長男からのお礼のあいさつ①

72歳女性
・陽気な性格
・豪快な面があった
・寂しくなりそう

話し手
喪主
長男

2分30秒

お礼

本日は母○○の葬儀に際しまして、みなさまに大変お世話になり、ありがとうございました。おかげさまで、滞りなく葬儀・告別式、くり上げ初七日の一切を無事に終えることができました。

故人もさぞ喜んでいることと存じます。遺族一同、あらためて心よりお礼申し上げます。

故人を偲んで

母はとても陽気な性格で、少々の苦労は笑って吹き飛ばしてしまうという豪快な面がありました。いつも家族の面倒を見てくれていた母の笑顔が見られなくなってしまい、わが家は急に寂しくなると思います。

どうかみなさまには、母の存命中と変わらぬおつき合いを賜りますよう、お願い申し上げます。

食事の勧め

長時間にわたりおつき合いくださり、お疲れのことと存じます。

ささやかではございますが、精進落としの膳をご用意いたしました。

どうぞごゆっくりとおくつろぎください。

本日は誠にありがとうございました。

あいさつの流れ

①参列と協力のお礼
長時間お世話になったことへのお礼を述べて、葬儀の終了を報告します。

②故人のエピソード
故人の人柄や楽しかった思い出などを語りながら、生前のお世話へのお礼と、遺族への今後の厚誼のお願いをします。

③精進落としの膳の勧め
疲れている世話役のみなさんをいたわりながら、精進落としの膳を勧め、くつろいでいただくようお願いします。

喪主・遺族のあいさつ

長男からのお礼のあいさつ②

78歳男性
・老舗菓子店の3代目
・長男が4代目を継ぐ
・新たな決意

話し手
喪主
長男

1分30秒

お礼

みなさま、本日はたいへんお世話になり、誠にありがとうございました。おかげさまをもちまして、滞りなく葬儀一切、くり上げ初七日を済ませることができました。ご法話もありがたく聞かせていただきました。

亡き父もみなさまのご厚志に感謝していることと存じます。

家業を継ぐ

父は老舗《しにせ》の菓子屋の3代目として、多忙な日々を送っておりました。やり手の父は、長男の私にとっては特別な存在でした。

これからは、私が父の遺志を継いで、家業をもり立てていかなければならないと、決意をあらたにしているところでございます。

みなさま方には、どうかこれまで以上のご指導、ご支援を賜りますよう、お願い申し上げます。

食事の勧め

みなさまへの感謝のしるしといたしまして、ささやかではございますが、お膳を用意いたしました。ごゆっくりとおくつろぎいただき、故人の思い出などをお聞かせいただければと思います。

本日はお力添えをありがとうございました。

あいさつの流れ

①参列と協力のお礼
無事に葬儀一切を終えたことへの感謝の気持ちを、力添えしてくれたみなさんに率直に述べます。

②今後のお願いと決意
店の4代目として、故人の遺志を継ぐ決意を表明するとともに、これまで以上の引き立てをお願いします。

③精進落としの膳の勧め
精進落としの膳を勧め、慰労のことばをかけます。

喪主・遺族のあいさつ

長女からのお礼のあいさつ①

84歳男性
・老人会
・俳句サークル
・交友範囲の広い父親

話し手
喪主 長女

2分30秒

お礼

本日は長時間にわたってご尽力いただきまして、ありがとうございました。ご住職さまをはじめ、世話役の方々のおかげで、葬儀一切、くり上げ初七日を滞りなく済ませることができました。心から厚くお礼申し上げます。

告別式には老人会の方や、最近、父が趣味で始めた俳句仲間の方々、会社時代の友人の方など、大勢の方が駆けつけてくださいました。そして、最後まで残ってくださったみなさんが、こんなに大勢いらっしゃることに心から感謝いたします。

故人の交流

あらためて、父の交友範囲の広さに驚かされました。父は、こんなに大勢のお仲間たちに囲まれて、幸せな人生だったと思います。今後とも変わらぬおつき合いを賜りますよう、お願い申し上げます。

精進落としの案内

ささやかではございますが、精進落としの席をご用意しております。どうか、ごゆっくり召し上がってください。そして私の知らない父の話などをお聞かせいただければと存じます。

あいさつの流れ

①尽力と参列へのお礼
通夜から葬儀と、長時間にわたりお世話になったことへの感謝の気持ちを述べます。僧侶や世話役を名指し感謝のことばを捧げます。

②故人のエピソード
故人の交流の広さにあらためて驚き、今後も変わらないおつき合いをお願いします。

③精進落としの膳への案内
精進落としの膳席へ案内し、くつろいでいただくようにことばをかけます。

喪主・遺族のあいさつ

長女からのお礼のあいさつ②

88歳 男性
- 3年前に妻に先立たれて
- 自宅でひとり暮らし
- ご近所のみなさんに感謝

話し手
喪主
長女

2分30秒

葬儀を終えたお礼

みなさま、本日は大変お世話になりありがとうございました。おかげさまをもちまして、滞りなく葬儀一切、くり上げ初七日をすませることができました。昨日の通夜、本日の告別式、火葬場までおつき合いいただきまして、父親も感謝していると思います。

世話人へお礼

3年前に母が亡くなったあと、思い出がたくさんある家から移りたくないとひとり暮らしをしていました。ご町内のみなさまには、いろいろとお世話になり本当にありがとうございました。また、最後まで葬儀のお手伝いをしていただき、遺族一同、あらためてお礼を申し上げます。

会食の勧め

ささやかではございますが、精進落としの膳を用意いたしました。召し上がりながら、お疲れをほぐしてください。また、生前の両親をはじめ、私たち姉妹がこの町に住んでいたころの話をしていただければ、供養《くよう》になると思います。

締め

なお、心ばかりのものを用意させていただきました。お帰りの際に、お持ちください。本日は、本当にありがとうございました。

あいさつの流れ

①葬儀を終えたお礼
初七日法要までを無事に終えたお礼を述べます。

②世話人へのお礼
長年のおつき合いのなかで、ひとり暮らしになったとき、そして葬儀にもお力添えをいただいたことへの感謝の気持ちを伝えます。

③食事を勧める
町内会の人への慰労の気持ちをこめて勧めます。

④締めのことば
お礼の品の案内をし、最後に、もう一度感謝の気持ちを述べます。

喪主・遺族のあいさつ

親に代わってのお礼のあいさつ①

80歳男性

・長年、病の床に臥し…
・将棋の愛好家だった
・町内会のみなさんに感謝

話し手
遺族
長男

2分30秒

葬儀を終えたお礼

本日は、滞りなく初七日の法要までをすませることができ、誠にありがとうございました。母に代わって、私、長男の鈴木勝があいさつをさせていただきます。

みなさまには、通夜、告別式、火葬場までおつき合いいただき、父親も喜んでいると思います。

世話人へお礼

長い間、床についていた亡き父のもとに、将棋の手合わせに来ていただいた田中さん、斎藤さん、最後まで本当にありがとうございました。また、町内会のみなさまには、葬儀のお手伝いをいただき、遺族一同、あらためてお礼を申し上げます。

会食の勧め

誠にささやかではございますが、食事を用意いたしましたので召し上がってください。亡き父との思い出話をしながら、ごゆっくりお過ごしいただければ、供養《くよう》になると思います。

締め

今後とも、故人の生前と変わりなく、残された家族ともおつき合いいただきますよう、お願い申し上げます。本日はありがとうございました。

あいさつの流れ

①葬儀を終えたお礼
葬儀が滞りなく終えたお礼を述べ、自己紹介をします。

▼

②世話人へのお礼
故人が生前お世話になった方、葬儀でお世話になった方に感謝のことばを述べます。

▼

③食事を勧める
お世話になった方々を慰労する気持ちをこめて勧めます。

▼

④締めのことば
交誼のお願いをして、締めのことばとします。

喪主・遺族のあいさつ

親に代わってのお礼のあいさつ②

70歳女性・喪主の父に代わって・旅行好きだった

話し手
遺族
長女

2分30秒

葬儀を終えたお礼

私、療養中の父に代わりまして、長女の加藤幸子があいさつをさせていただきます。本日は、故○○○○の葬儀に際し、最後までお力添えをいただき、誠にありがとうございました。

通夜から初七日法要までおつき合いいただき、故人も、みなさまのご厚情に感謝していることと存じます。

世話人へお礼

旅行仲間のみなさまには、突然のことながらお集まりいただき、故人になり代わってお礼を申し上げます。葬儀のお手伝いをいただいた町内のみなさま、最後まで本当にありがとうございました。

会食の勧め

お疲れのことと思いますが、ささやかな食事を用意しましたので、召し上がってください。どうか、お時間の許す限りおくつろぎいただき、精進落としをしていただきたいと存じます。

締め

また、今後とも、故人の生前と変わらないおつき合いをいただきますよう、よろしくお願い申し上げます。本日は、本当にありがとうございました。

あいさつの流れ

①葬儀を終えたお礼
故人とのつながりを述べ、葬儀を終えたお礼を。

②世話人へのお礼
急逝にもかかわらず集まっていただいた方、葬儀のお世話をしていただいた方へ感謝の気持ちを伝えます。

③食事を勧める
年輩者が多い場合、「お疲れでしょうけれども」ということばを添えて、精進落としをしていただきます。

④締めのことば
交誼のお願いをして、締めのことばとします。

喪主・遺族のあいさつ

幼い子どもを亡くした父親のあいさつ

4歳男児
- 交通事故死
- 地域の人への感謝
- まだ受け入れられない

話し手
喪主
父親

2分

葬儀を終えたお礼

本日は、みなさまのおかげをもちまして、無事に初七日法要までですませることができました。本当にありがとうございました。

通夜から初七日法要まで、みなさまには多大なお力添えをいただき感謝しております。

世話人へお礼

突然のことにもかかわらず、駆けつけてお世話をしてくださった幼稚園の先生方、お母さま方、葬儀のお手伝いをしてくれたご近所のみなさま、本当にありがとうございました。

会食の勧め

ささやかですが、心ばかりの食事をご用意いたしました。どうぞ、召し上がりながら、ごゆっくりとお疲れをほぐしてください。亡き息子への供養《くよう》になると思います。

締めのことば

息子の突然の死をまだ受け止められない状態で、失礼の数々はお許しください。幼稚園のみなさまには、今後も変わらないおつき合いをいただきますよう、またご近所のみなさまにはご迷惑をかけることがあるかもしれませんが、よろしくお願い申し上げます。

あいさつの流れ

①**葬儀を終えたお礼**
葬儀を無事に終えることができたお礼を述べます。

②**世話人へのお礼**
親身になってお世話をしていただいた方々へ、感謝の気持ちを伝えます。

③**食事を勧める**
故人の供養になることを伝え、食事を勧めます。

④**締めのことば**
息子の死で動転して、失礼があったかもしれないことのお許しをいただきます。最後に、交誼のお願いをして締めくくります。

幼い子どもを亡くした母親のあいさつ

6歳女児・心臓に疾患のある子・小学1年生だった

話し手：喪主　母親　2分

葬儀を終えたお礼

本日、無事に葬儀一切、くり上げ初七日を終わらせることができました。これも、みなさま方のお力添えのおかげでございます。心よりお礼を申し上げます。通夜、告別式、初七日法要と、最後まで温かいお心配りをいただき、ありがとうございました。

世話人へお礼

娘は、心臓に疾患をかかえて生まれてきましたが、○○病院の先生方や保育園の先生方に支えられ、楽しみにしていた小学校に入学できるところまで生きることができました。親として感謝の気持ちでいっぱいでございます。また、葬儀のお手伝いをしていただいたご近所のみなさま、本当にありがとうございました。

会食

心ばかりではありますが、料理と飲み物を用意させていただきました。ゆっくりおくつろぎいただき、お疲れを癒《いや》してください。

締め

覚悟をしていたとはいえ、しばらくは娘の姿を追ってしまいそうです。みなさまには、ご迷惑をおかけすると思いますが、お許しください。本日は、最後までありがとうございました。

あいさつの流れ

①葬儀を終えたお礼
葬儀一切を終えることができた感謝の気持ちを伝えます。

②世話人へのお礼
生前にお世話になった方々、葬儀の手伝いをしていただいた方々へお礼を述べます。

③食事を勧める
精進落としの料理を勧め、くつろいでいただきます。

④締めのことば
今後のお願いをして最後の締めのことばに。

喪主・遺族のあいさつ

事故死した息子の父のあいさつ

24歳 男性

・24歳で交通事故死
・社会人になったばかり
・親が受けたショック

話し手 喪主 父親

2分30秒

参列のお礼

みなさま本日は誠にありがとうございました。おかげさまで、無事葬儀ならびに告別式、くり上げ初七日を終えることができました。これもみなさまのお力添えのおかげです。あらためてお礼申し上げます。

突然の死

お世話になっている会社にも慣れ、やっと仕事が楽しくなってきたと話していたばかりでしたのに、まさか交通事故に遭い、20代の若さで逝《い》くとは……。親が子を見送ることになろうとは思ってもみませんでしたので、取り乱したところもあり、失礼いたしました。

現在の心境

みなさんのおかげで、気持ちがだいぶ落ち着いてまいりました。これからは残された家族で支えあって生きてまいりたいと思います。

今後もみなさまのご厚情を賜りますよう、お願い申し上げます。

精進落とし

長時間おつき合いいただきまして、ありがとうございました。ささやかではございますが、酒肴《しゅこう》の席をご用意いたしました。ごゆっくりとおくつろぎくださいまして、精進落としをしていただければと存じます。

本日は誠にありがとうございました。

あいさつの流れ

①**参列とお世話のお礼**
葬儀一切が滞りなく終了したことを報告し、参列へのお礼を述べます。

②**故人への思い**
突然死の場合は、まだとまどい中にある現在の心境を素直に述べます。
そのうえで今後の決意を述べ、厚誼のお願いをします。

③**精進落としの膳への案内**
長時間おつき合いいただいたことへの礼を述べて膳席へ案内します。

喪主・遺族のあいさつ

独身の娘を亡くした父のあいさつ

25歳 女性

・念願の会社に入れた
・仕事が楽しくなってきた
・友人のみなさんに感謝

話し手
喪主
父親

2分30秒

お礼

みなさま、本日は故○○○○の葬儀に際し、ご尽力をいただき誠にありがとうございました。おかげさまで無事に見送ることができ、遺族一同、あらためて感謝を申し上げます。

昨日の通夜、本日の告別式、火葬場までおつき合いいただきまして、本当にありがとうございました。最後まで温かいお見送りをいただき、故人も感謝していることと思います。

世話人へお礼

娘は念願の会社に入社でき、仕事が楽しくなったと話しておりました。会社の方々には入院以来、ご迷惑をおかけして本当に申し訳ありませんでした。また、学生時代の友人の方々には葬儀のお世話をしていただき、感謝の気持ちでいっぱいでございます。

会食

心ばかりの膳を用意させていただきました。召し上がりながら故人を偲《しの》んでいただければ、供養《くよう》になるかと思います。

締め

簡単ではございますが、お礼のあいさつに代えさせていただきます。本日は、誠にありがとうございました。

あいさつの流れ

①**葬儀を終えたお礼**
葬儀に際してお力添えをいただいたお礼を述べます。

②**世話人へのお礼**
葬儀で世話になった方以外にも、入院中などにお世話になった方への感謝の気持ちをひとこと入れるとよいでしょう。

③**食事を勧める**
精進落としの一般的な勧め方です。

④**締めのことば**
締めの決まり文句を簡潔にまとめます。

喪主・遺族のあいさつ

親族代表のお礼のあいさつ①

35歳男性

・突然の事故死
・家族が残される
・あいさつできない妻

話し手
親族代表
叔父

2分30秒

お礼

みなさま、本日はお疲れさまでございました。

ただいまの還骨法要《かんこつほうよう》を持ちまして、おかげさまで葬儀一切を滞りなく済ませることができました。

自己紹介

私は故人の叔父である中曽根裕一と申します。喪主の裕子は伏せておりますので、親戚を代表し、遺族に代わりまして厚くお礼申し上げます。

甥の○○が突然の事故で他界し、今、残された家族は、大黒柱を失い、呆然《ぼうぜん》とした気持ちでいることと思います。私も遺族のことを思うといたたまれない思いでいっぱいです。家族を何よりも大切にしていた○○のことです。きっと天国で家族を見守ってくれると信じています。

遺族へ厚誼の願い

どうかみなさまには、今後も残された家族の心の支えとなっていただけますよう、心からお願い申し上げます。

精進落とし

みなさまには長時間にわたり、さぞお疲れのことと存じます。

心ばかりの席を設けましたので、精進落としをしていただきたいと存じます。本日はありがとうございました。

あいさつの流れ

①葬儀の報告とお礼
葬儀が滞りなく終わったことの報告とお礼を述べます。突然の死であったため喪主である妻がショックで同席できないことを詫びます。

②遺族への厚誼のお願い
残された遺族を気づかうことばを述べて、今後の厚誼のお願いをします。

③精進落としの膳の勧め
慰労のことばを述べて、精進落としの膳を勧めます。

親族代表のお礼のあいさつ②

62歳男性
・叔父は長く患って病死
・叔母は献身的に介護
・甥の自分が代わって

話し手
親族代表
甥

2分30秒

葬儀終了

みなさま、本日は大変お疲れさまでした。おかげさまをもちまして、故〇〇〇〇の葬儀一切を滞りなく終了いたしました。

喪主の代理

私は故人の甥にあたります山口竜太と申します。喪主《もしゅ》の叔母・晴美が気分がすぐれず別室で休んでおりますので、代理として、ひと言ごあいさつさせていただきます。

叔父夫婦の様子

叔父夫婦は子どもに恵まれなかったため、私たち兄妹《きょうだい》はとてもかわいがってもらいました。よく泊まりがけで遊びに行ったものでした。

叔父が長患いしてからは、叔母は献身的に介護をしておりました。このたびのことが重なり、叔母は長年の疲れが出てしまったのかもしれません。みなさまにおかれましては、どうか叔父亡きあとの叔母を支え、励ましていただきますようお願い申し上げます。

精進落とし

本日は最後までおつき合いいただきまして、ありがとうございました。心ばかりの席を設けましたので、召し上がりながら、ゆっくりとおくつろぎください。

あいさつの流れ

①葬儀終了の報告
葬儀終了の報告と、故人との関係、喪主があいさつに出られない理由などを述べます。

②故人の思い出
故人のエピソードを述べ、親族の立場から遺族を気づかうことばと、今後の厚誼のお願いをします。

③精進落としの膳の勧め
最後までお世話になったことへのお礼を述べて、精進落としの膳を勧めます。

喪主・遺族のあいさつ

親族代表のお礼のあいさつ③

86歳 女性
・近所に世話になった
・喪主である叔父が高齢
・姪が代わってあいさつ

話し手 親族代表 姪

3分

お礼

みなさま、本日はお疲れさまでございました。

おかげさまで、故○○○○のお通夜から還骨《かんこつ》法要《ほうよう》まで、葬儀一切を滞りなく終えることができました。これもひとえにみなさまのお力添えによるものと、心より厚くお礼申し上げます。私は姪の華子と申します。

喪主の代理

本来は喪主《もしゅ》である叔父がごあいさつ申しあげるところですが、叔父が高齢のため、喪主に代わりまして、私からひとことごあいさつさせていただきます。

厚誼のお礼

叔母の入院中はひとかたならぬお世話になりまして、ありがとうございました。日ごろ近所の方がよく面倒を見てくださったと聞き、感激いたしました。叔母もどんなにか心強かったことと思います。

これからも遺族に対しましては変わらぬご厚誼《こうぎ》を賜りますよう、お願い申し上げます。

食事の案内

ささやかながらお食事の席をご用意いたしました。どうかゆっくりとおくつろぎになり、故人を偲《しの》んでいただきたいと思います。

あいさつの流れ

①葬儀終了の報告
葬儀終了の報告とお礼を述べ、簡単な自己紹介をします。喪主に代わってあいさつすることを断ります。

②故人のエピソード
故人のエピソードを語り、遺族に対して今後も厚誼を賜るようお願いをします。

③料理の勧め
長時間お世話いただいた方の労をねぎらいながら、精進落としの料理を勧めます。

親族代表のお礼のあいさつ④

93歳女性

・姉は6人きょうだいの長女
・あいさつは73歳の弟
・姉は母親代わりだった

話し手
親族代表
弟

2分30秒

お礼／自己紹介／最期／故人の思い出／精進落とし

本日は故○○○○の葬儀・告別式、ならびに還骨法要まで、長時間にわたりお世話いただきまして、誠にありがとうございました。おかげさまで、葬儀の一切を滞りなく終えることができました。

私は故人の弟の松本和人と申します。親族を代表いたしまして、ひとことごあいさつさせていただきます。

姉は一昨日の夜、自宅で眠るように息を引き取りました。93歳、老衰でした。しっかり者で、最後までだれにも迷惑をかけることなく、天国に召されました。

私と姉は親子ほども年が離れていました。姉は6人きょうだいの長女で私は末の弟でしたから、私は姉に育てられたようなものです。母が他界してからは、余計に何でも姉に頼りっぱなしでした。今後とも遺族に対しましては、変わらないご厚誼をお願いいたします。

形ばかりですが、席をご用意いたしました。どうぞ、ごゆっくりとおくつろぎくださいまして、精進落としをしていただければと思います。

あいさつの流れ

①参列へのお礼
長時間お世話になったことへのお礼を述べて、簡単な自己紹介をします。

②故人の思い出
故人の最期の様子を報告するとともに、エピソードを紹介し、遺族に対しての変わらない厚誼のお願いをします。

③精進落としの膳の勧め
「形ばかり」「ささやかですが」など謙遜し、精進落としの案内をするとともに、最後にお礼を述べます。

献杯のあいさつ

「乾杯《かんぱい》」と違う「献杯《けんぱい》」

乾杯は杯を捧げて成功を祝ったり、祈ったりする目的で行われますが、同じ所作でも不祝儀の場で行われる「献杯」は目的がまったく違います。故人の冥福《めいふく》を祈るのが目的ですから、あいさつの発声は、当然、静かに感情を抑えたものになります。あいさつも声の調子に変化をつけず、手短にすませることが大切です。遺族の気持ちに配慮したマナーが必要です。

献杯のあいさつの構成の基本

①自己紹介

故人との関係、名前を述べて自己紹介をします。会社関係であれば上司・部下の関係、友人であればいつごろからのおつき合いか、親族であれば続柄などです。

②故人を偲《しの》ぶことば

逝去《せいきょ》を悲しむことばを述べて、弔意《ちょうい》を表します。「死」ということばは使わず、逝去、急逝《きゅうせい》、永眠《えいみん》、他界《たかい》、不帰《ふき》、訃報《ふほう》などの表現がふさわしいでしょう。

③唱和の依頼

故人がやすらかな眠りにつけるよう祈念することばを述べ、出席者に献杯の唱和をお願いします。

④献杯の発声

出席者のグラスや杯《さかずき》が用意されるのを待って発声に移ります。発声するときは、グラスや杯をあまり高くかかげず、視線は遺影《いえい》もしくは手元のグラスや杯に向け、静かに頭を下げます。

⑤お礼のことば

献杯のあとは、よけいなあいさつはせず謝辞だけを述べて一礼して締めます。

献杯のあいさつ

親族代表として①

55歳
男性

・がんによる病死
・ゴルフの腕前はプロ並み
・健康に自信があった

話し手
親族代表
兄

2分30秒

紹介

献杯の発声をさせていただきます、故人の兄、高杉光男です。

弟の○○は、健康自慢の人間でしたが、がんが発見されてからあまりにも早く亡くなってしまいました。兄弟として、もっと話をしたかったと悔やまれます。

エピソード

弟は子どものころからスポーツ万能で、最近ではゴルフに夢中でした。私も何度かいっしょにコースに出ましたが、1度も勝てたことはありません。「つぎは絶対勝つからな！」の〝つぎ〟が来ることを願っていたのですが、勝負はいつか天国での対戦に延期されました。

献杯

ここに、生前の○○○を偲び、みなさまとともに供養《くよう》の杯をささげたいと思います。

みなさま、お手元のグラスをお持ちください。○○の冥福《めいふく》と、みなさまのご健勝を祈念いたしまして、献杯！

お礼

みなさま、ありがとうございました。お時間の許す限り、ごゆっくりお過ごしください。

あいさつの流れ

①自己紹介
まず故人との関係を明確にします。

②故人を偲ぶ
どのような形で訃報に接したか、病床ではどうだったかを話して故人を偲びます。

③エピソード
故人の性格が偲ばれるようなエピソードを述べます。

④献杯の発声
グラスや杯の用意が整うのを待って、おごそかに「献杯」を発声します。

献杯のあいさつ

親族代表として②

40歳 男性
・交通事故による死亡
・小さいころから利発だった
会社でも嘱望されていた

話し手
親族代表
叔父

3分

自己紹介

私、献杯の発声をさせていただきます、故○○○○の叔父で、杉原憲治と申します。

故人を偲ぶ

甥の突然の訃報《ふほう》に接し、信じられない気持ちでいっぱいでございます。

交通事故だということでした。会社でもこれからを期待されていたと聞き、彼の無念さを思うと悔やまれてなりません。

エピソード

小さいころから利発な子で、共働きの兄夫婦に心配をかけまいと、弟の面倒もよくみていました。まだ結婚をしていなかった私が、ときどき家を訪ねると、甘えてくれて子どもらしい姿も見せてくれました。

献杯

みなさまも、故人の思い出をたくさんお持ちのことと思います。ここで、甥の冥福《めいふく》を祈りまして、献杯をしたいと存じます。

みなさま、グラスの用意はよろしいでしょうか。

故○○○○のやすらかな眠りと、みなさまのご健勝を祈念いたしまして、「献杯」。

ありがとうございました。

あいさつの流れ

①自己紹介
まず故人との関係を明確にします。

②故人を偲ぶ
突然の訃報に接して悔やまれてならない気持ちを表し、故人を偲びます。

③エピソード
甥や姪の場合、生まれたときや子どものころのエピソードが、故人を偲ぶ意味でも適しているでしょう。

④献杯の発声
責任感の強い故人の感謝の気持ちもくみ、故人の冥福を祈るとともに、出席者の今後も祈念して発声。

献杯のあいさつ

親族代表として③

65歳女性
・最期を看取れた
・親同然だった姉
・好奇心旺盛だった人

話し手
親族代表
弟

3分

自己紹介

私、故○○○○の弟で、田中正敏と申します。
姉の容態が急変した連絡を受け、病院に駆けつけることができ、最後を看取ることができたことは幸いでした。それでも、年の離れた姉には親同然に育ててもらい、恩返しもできないまま逝《い》ってしまったことが悔やまれてなりません。

エピソード

昔からまっすぐな性格で、弱い者いじめが大嫌いでしたから、内気だった私が泣かされて帰ってきたときなど、「男の子でしょ、泣かないの！」とよく叱られたものでした。一度など、泣かした友だちの家に怒鳴り込んだことがありました。それが縁でその友だちとはずっと親友ですが、「あのときのお姉さんは怖かった」と今でも震えるほどです。

献杯

思い出話はつきませんが、ここでみなさまとともに、姉がやすらかな眠りにつけますよう、献杯をしたいと存じます。
みなさま、グラスはお持ちでしょうか。姉さん、ゆっくりお休みください。献杯！　みなさま、ありがとうございました。

あいさつの流れ

①自己紹介
故人との関係を話し、どんな思いかを伝えます。

②故人を偲ぶ
故人との最後をどのように迎えたかを話し、故人を偲びます。

③エピソード
きょうだいだからこそ、子どものころのエピソードが、故人の人柄も偲ばれて胸を打ちます。

④献杯の発声
姉弟だからこそ堅苦しいことばを避け、「姉さん」と呼びかけて「献杯」の発声をするとよいでしょう。

献杯のあいさつ

親族代表として④

20歳 女性

・留学先で事故死
・マリンスポーツが大好き
・好奇心旺盛だった

話し手
親族代表
伯父

3分

訃報に接し

故○○○○の父親の兄、川上哲男と申します。

姪の訃報《ふほう》を受けたときは、ことばが出てきませんでした。なにぶんにも海外での事故で、家族もどう対処すればよいのかわからず、旅行会社に勤める知り合いに一任して本日を迎えました。親族もいない地で他界したことを考えると、不憫《ふびん》でなりません。

エピソード

しかし、姪は自分が選んだ道を歩んでいたことを思うと、志半ばでも、幸せだったかもしれません。あの子は、小さいときから運動好きで、とくにマリンスポーツが大好きでした。子どものころ、海水浴に連れて行くといつまでも海から上がってこないで、親たちを心配させることもありました。

献杯

みなさまにも、亡き○○との思い出がたくさんおありだと思います。ごいっしょに姪の冥福《めいふく》をお祈りいただき、献杯をしたいと存じます。

故○○○○の冥福を祈念し、献杯！

ありがとうございました。

あいさつの流れ

①**自己紹介**
故人との関係を話し、自己紹介します。

②**故人を偲ぶ**
不慮の事故のため、訃報を受けたときの気持ちを話し、悲しみの深さを表します。

③**エピソード**
近親者だからこその思い出を披露し、出席者に故人を偲んでもらいます。

④**献杯の発声**
参加者がグラスを持ってから、簡潔に発声します。

献杯のあいさつ

親族代表として⑤

52歳
男性

・自宅で迎えた最期
・登山の思い出
・驚いたリーダーシップ

話し手
親族代表
義兄

3分

病気と闘う　エピソード　献杯

私は、故○○○○の義兄で、国井英雄と申します。

義弟《おとうと》は2カ月ばかりの入院後、最期を自宅で迎えることができました。最後まで病と闘う姿勢を見せてくれ、家族としては心強い思いをしたことでしょう。とくに妻である私の妹は、どれほど救われたことかと思います。男気の強い義弟に感謝しています。

3年ほど前、久しぶりに○○君と穂高に登りました。悪天候だったにもかかわらず、同行者をぐいぐい引っ張っていってくれ、とても頼もしいかぎりでした。甥と姪もいっしょだったので、そのときの父親の統率力のある姿をしっかり心に焼きつけていると思います。

ここで、生前の○○君を偲《しの》び、みなさまとともに供養《くよう》の杯をささげたいと存じます。

○○君、家族のことはまかせて、ゆっくりお休みください。

それでは、献杯！

ご唱和、ありがとうございました。

あいさつの流れ

①**故人を偲ぶ**
義兄の立場から、故人の妻である妹に代わって感謝の気持ちを表して偲びます。

②**エピソード**
故人との思い出を披露しつつ、残された家族のことにもふれれば、故人を偲ぶ意味が深まるでしょう。

③**献杯の発声**
残された家族を心配する故人の気持ちをくみ、「まかせて」とか「心配しないで」ということばを添えます。

献杯のあいさつ

上司として①

40歳
男性

・取引先からの信用も厚い
・仕事第一の社員だった
・行けなかった運動会

話し手
会社関係
上司

3分

仕事ぶり

私は、故○○○○様の直属の上司である、井上肇と申します。

故人は、取引先の担当者からの信頼も厚く、彼でなければということで出張が多い日々でした。ご家族のみなさまには、私たちが彼に頼りきっていたために寂しい思いなさったことが多々あったと思います。この場を借りまして、お詫び申し上げます。

エピソード

2、3カ月前のことですが、取引先から「相談したいことがあるので、○○君に来てもらいたい」という連絡がありました。土曜・日曜日をはさんでの出張で、その間、本当はお子さんの運動会があったにもかかわらず、仕事を優先していただきました。今思えば、お子さまとの思い出をひとつ減らしてしまい、悔やまれてなりません。

献杯

みなさまとともに、故○○○○様がやすらかな眠りにつかれますよう、献杯したいと存じます。

○○君のご冥福《めいふく》をお祈りして、献杯！

ご唱和、ありがとうございました。

あいさつの流れ

①故人を偲ぶ

故人がどのような人だったのか、会社での姿を紹介して偲びます。また、この場を借りてご家族へのことばをひとこと加えるとよいでしょう。

②エピソード

故人の性格が現れるような会社でのエピソードを紹介。家族の話を交えると、故人を偲ぶ意味合いが深まります。

③献杯の発声

故人を堅苦しく呼ばず、上司の立場からいつもの呼び方のほうがよいでしょう。

献杯のあいさつ

上司として②

26歳 女性
・いつも元気いっぱい
・受付業務を任されていた
・多くのファンがいた

話し手
会社関係
上司

3分

自己紹介

私は、故○○○○様の上司の塚田直子と申します。○○さんには私の右腕として大変お世話になりました。

故人を偲ぶ

いつも元気いっぱいだった○○さんが病に倒れたとき、私は、また元気な顔を見せてくれるものと信じて疑いませんでした。病院に伺ったときも、少し元気はありませんでしたが、いつもの笑顔で迎えてくれ安心していました。ところが病状が急変したとのことで訃《ふ》報《ほう》に接し、断腸の思いです。

エピソード

○○さんは、会社に来るどなたからも愛され、休憩でほかの人が受付に座っていると「○○さんは？」と聞かれるくらい、多くのファンがいました。本日は、その方々のお気持ちも預かってまいりました。

献杯

みなさまとともに、故○○○○様のご冥福をお祈りして、献杯をしたいと存じます。

○○○○さんがやすらかな眠りにつかれますよう、献杯。

ありがとうございました。

あいさつの流れ

①故人を偲ぶ
生前の故人の人柄が見えるような姿を紹介して偲びます。見舞ったときのエピソードなども入れるとよいでしょう。

②エピソード
故人が会社にどのような貢献をしてきたかを紹介します。また、葬儀に列席できなかった人の気持ちも伝えると、遺族もお喜びになるでしょう。

③献杯の発声
生前の呼び方で話しかけるように、発声したほうがよいでしょう。

献杯のあいさつ

友人代表として①

65歳 男性
・大企業のエリート社員
・退職して釣り三昧
・故人の両親の思い出

話し手
友人代表
大学の同窓生

3分

自己紹介

○○君とは、大学でごいっしょさせていただきました、秋山正二と申します。

故人を偲ぶ

彼は、同窓生の中でも難関の会社に合格したエリートでした。退職してからは、釣り仲間としてのおつき合いもするようになり、お互いに釣果を競い合っていました。その彼が突然亡くなったと聞き、まだ信じられません。

エピソード

地方出身の私は、彼の亡くなられたご両親にも大変お世話になりました。学生のころは、彼が家にいなくてもお邪魔して食事をご馳走になったり、泊めてもらったりもしました。彼に「どっちがこの家の息子かわからないな」と言われるほどでした。結婚後もしばしば押しかけて、奥様には面倒をおかけしたと思います。

献杯

では、みなさまとごいっしょに、献杯をしたいと存じます。
○○君のご冥福《めいふく》をお祈りして、献杯！
ご唱和、ありがとうございました。

あいさつの流れ

①故人を偲ぶ
生前の故人と最近のおつき合いも含めて、どのように過ごしてきたかを紹介して故人を偲びます。

②エピソード
出会いのころの思い出にふれると、ご遺族の気持ちも落ち着くでしょう。家族のようなおつき合いをさせていただいたことへの感謝の気持ちをこめて話します。

③献杯の発声
エピソードなどで時間を割いたぶん、簡潔にまとめます。

献杯のあいさつ

友人代表として②

30歳女性
・「みっちゃん」と呼んで
・姉御肌のリーダー
・隣町への冒険旅行

話し手
友人代表
幼なじみ

3分

自己紹介

私は、○○さんとは幼なじみで、橋本学と申します。小さいころから「みっちゃん」と呼んでいたので、今日もそう呼ばせていただきます。

故人を偲ぶ

みっちゃんは、姉御肌で幼なじみ5人組のリーダーでした。私などは、いまだに悩み事を相談していましたし、大学生のころは恋愛問題なども相談して「しっかりしなさいよ！」と叱られました。

エピソード

小学生の低学年のとき、5人組が隣町まで冒険しようと、歩いて出かけたことがあります。ところが、途中で道に迷ってしまい、けんた君は泣き出すし、さっちゃんは1人で先に進んで行こうとするし、私は頭の中が真っ白になってしまい、みっちゃんの判断にすがっていました。すると、彼女はめざとく交番を見つけて無事に帰ることができました。

献杯

ここで、みなさまとごいっしょに、みっちゃんのご冥福を祈念して、献杯をしたいと思います。

みっちゃん、やすらかにお眠りください、献杯！

ありがとうございました。

あいさつの流れ

①故人を偲ぶ
どんな友人だったのかを伝え、生前の故人を偲びます。

②エピソード
子どものころにした遊び、よく泣かされた経験、初恋の人だったなど、幼なじみらしいエピソードを紹介。ほほえましい話題であれば場がなごみます。

③献杯の発声
生前の呼び方で話しかけるように、発声したほうがよいでしょう。

献杯のあいさつ

友人代表として③

42歳男性
・同期の中でも出世頭
・自転車で通勤
・飲み明かした思い出

話し手
友人代表
会社の同僚

3分

故人を偲ぶ

故○○○○さんとは、会社の同期入社組の半澤吾郎と申します。

○○君は、同期の中でも将来を期待された1人でした。同時に、部下の面倒見もよく、時間を惜しまず相談にのったり、指導をしていました。毎朝、自慢の自転車で住まいのある杉並から出社してくる彼の姿が忘れられません。

エピソード

ある日、後輩から仕事のことで相談したいことがあると言われたそうです。仕事のことならと、私もいっしょに金曜日の夜、○○君の自宅で飲もうということになりました。奥様にはご迷惑だったと思いますが、朝方まで3人で飲み明かしたことがあります。その後輩は、本日は出張で来られませんでしたが、感謝しておりました。

献杯

ここに生前の○○君を偲《しの》び、みなさまとともに感謝と、供養《くよう》の杯をささげたいと思います。

○○君のご冥福《めいふく》を祈念して、献杯。

ご唱和、ありがとうございました。

あいさつの流れ

①故人を偲ぶ
生前の故人の姿が思い出されるような話を紹介します。

②エピソード
会社の人間関係や仕事のエピソードを交え、ご家族との思い出があれば紹介します。また、この場を借りて、ご家族に感謝の気持ちを伝えるのもよいでしょう。

③献杯の発声
葬儀に参列できなかった人の気持ちもこめて、発声します。

第5章

法要でのあいさつ

法要でのあいさつのマナー

5 法要を営むのが一般的

葬儀が終った後も、定期的に法要を営み、故人を供養《くよう》し冥福《めいふく》を祈ります。

仏教では、伝統的に死後7の倍数の日に法要を営みますが、現在では、初七日（7×1）と四十九日（7×7）のみを行うのが一般的です。また初七日は葬儀と合わせて行うことが多いようです。

四十九日の後には、百カ日（死後100日）が定められていますが、現在は行われることは少なくなっています。ですから四十九日の後は一周忌となり、この後は年単位で供養を行う年忌となります。

年忌は一周忌以後は数え年となり（丸2年で三回忌、丸6年で七回忌……）、十三回忌でいちおうの区切りとされています。

初七日法要は葬儀当日にくり上げて行われるとすると、葬儀後の法要としては、四十九日、一周忌、三回忌、七回忌、十三回忌の5つが主なものになります。

最近の主な法要

忌日法要	初七日《しょなのか》	命日を含めて7日後	葬儀当日にくり上げて行われることが多い
忌日法要	四十九日《しじゅうくにち》	命日を含めて49日後	当日、納骨を行い忌明けとすることが多い
年忌法要	一周忌《いっしゅうき》	命日から1年後	遺族、親戚、友人など故人のゆかりの人に案内する
年忌法要	三回忌《さんかいき》	命日から2年後	一周忌より案内する人数をやや絞ることが多い
年忌法要	七回忌《しちかいき》	命日より6年後	遺族と限られた縁者によって行われることが多い
年忌法要	十三回忌《じゅうさんかいき》	命日より12年後	縁者が死亡したり高齢である場合は、ここで弔い上げにすることも多い

あいさつは3パートで構成

法要のあいさつは、基本的に、「**①参列のお礼**」、「**②故人を供養するエピソード**」、「**③厚誼《こうぎ》のお願い**」の３つからなります。

①参列のお礼

故人を供養するために集まってくれた方々に感謝します。「お足元が悪い中（雨・雪の場合）ご参列いただき……」、「猛暑の中ご参列いただき……」と時候のあいさつを盛り込むと、お礼の気持ちが伝わりやすくなります。

参列者が多く、あいさつ者にとってそれほど親しくない方も見えているのであれば、自己紹介を行います。

②故人を供養するエピソード

法要は故人を供養するために行うのですから、あいさつも故人を偲び、故人が喜ぶようなエピソードを盛り込みます。といってもむずかしく考える必要はなく、故人の思い出話をしたり、残された子どもたちの成長を喜んだり、故人に話しかけるようなつもりで話題を選べばよいのです。

③厚誼のお願い

法要に参列してくれるのは、故人に縁のある方々です。この縁を大事にし、今後も変わらぬ交際をお願いし、あいさつを締めます。

冷静に落ち着いてゆっくり

四十九日や一周忌といった、没後間もない法要では、悲しみが癒《い》えず、涙があふれてしまうことがあります。自然に涙ぐむのは悪いことではありませんが、それでもあいさつは最後までやりとげなければなりません。あまり悲しむ姿を見せると、参列者によけいな心配や負担をかけることになります。故人の供養になるよい法要だったと思ってもらうには、施主や遺族が悲しみから立ち直っている様子をあいさつでしっかり伝えることが大切です。

法要でのお礼のあいさつ

参列者に故人を偲んでもらうように心を配る

お礼のあいさつは法要の仏事が終わり、食事の席に着いたときに「法要出席のお礼」から始めるのが一般的です。

宗教的な行事が無事済み、食事をしながら故人の思い出話などをしてください、と促すのがあいさつの目的の1つでもあります。

命日から経過した日数・年数によって、あいさつのトーンは違います。まだ死亡して日が浅い場合は、悲しみから立ち直りつつある遺族の姿を見てもらい、安心してもらうのも大切です。年数が経った法要では、出席者も身内中心になりますから、「お父さんはこういう人だったね」と微笑む場面があってもいいでしょう。

故人、遺族がお世話になったお礼を述べる

施主は故人の葬儀・法要を仕切る者として、法要に参列してくれたお礼を述べると同時に、故人が生前お世話になったこと、入院中や葬儀の前後にお世話になったことなどを、故人に代わって感謝を申し上げる立場にもあります。具体的には「故人の闘病中には、みなさまにお心づかいいただきありがとうございました」など。また四十九日以降の法要であれば、「残された私たちへのご厚情にお礼申し上げます」といったように、遺族へ支援してくれたことを感謝しましょう。

また、あいさつの場に、読経《どきょう》をしてくれた僧侶《そうりょ》も着座している場合は、僧侶へのあいさつも必要です。

葬儀では、葬儀社が式進行をしますが、法要は施主が席への案内、式進行を行います。

法要でのお礼のあいさつ

夫の初七日法要

48歳 男性
・元気だった40代の夫
・病院に運ばれ2日後死亡
・突然のことでうろたえた

話し手
施主
妻

2分30秒

お礼

本日はお忙しいなか、葬儀・告別式から初七日の法要まで、長時間にわたりおつき合いいただきまして、ほんとうにありがとうございました。亡き夫もさぞかし心強く、喜んでいることと存じます。

おかげさまで初七日法要を無事に済ますことができました。あらためてお礼申し上げます。ご住職さまをはじめ世話役のみなさまには大変お世話になり、感謝のことばもありません。

感謝と今後のお願い

普段から元気な夫が突然倒れ、病院に運ばれてから今日まで、わずか5日間のことでしたが、あれやこれやあわただしく、ただうろたえるばかりでした。みなさまには、多くのご助言をいただき、どれほど助かったか知れません。これから四十九日法要、一周忌と続き、またお世話になることがあると存じますが、その節はよろしくお願いいたします。

食事の勧め

ささやかではありますが、お食事の用意をさせていただきましたので、ゆっくりおくつろぎください。夫の思い出話などをしていただければ幸いです。本日はどうもありがとうございました。

あいさつの流れ

①同行のお礼
最近増えている葬儀の日に初七日法要を済ませてしまう場合のあいさつの例。葬儀から火葬場、初七日と同行いただいた参列者に感謝の気持ちを伝えます。

②感謝と今後のお願い
葬儀の際にお世話になった僧侶や世話役の人たちに向かって感謝のことばを述べるとともに、参列者に今後の厚誼を願います。

③食事の案内
故人の供養と世話になったお礼を兼ねた食事の案内をします。

法要でのお礼のあいさつ

妻の四十九日法要

54歳女性
・病気療養中の見舞い
・ボランティア仲間
・励ましの手紙

話し手
施主
夫

2分30秒

出席のお礼 / 法要の報告 / お見舞い / 生前の厚誼のお礼 / 食事

本日はお忙しいなか、妻○○の四十九日の法要にお集まりいただきましてありがとうございます。こうして親しい方たちのお顔を拝見すれば、妻もさぞかし喜んでいることでしょう。

おかげさまで納骨の儀・四十九日法要を済ますことができました。これも、なにかとお導きをいただきましたご住職さまはじめ、今日お集まりいただいたみなさまのおかげとあらためて感謝申し上げます。

病気療養中は、親しいみなさまからお見舞いや励ましの手紙をいただきありがとうございました。そのたびに妻は勇気をいただいたようで、顔を明るくして病気と闘う決意を語ってくれたものです。

まだ50代の若さで旅立った妻ではありますが、親しいお友だちやボランティアサークルの方たちとの交わりのなかで、充実した日々を送れたに違いないと思い、あらためてみなさまに感謝するしだいです。

本日はささやかですが、忌明《きあ》けの膳を用意させていただきました。故人の供養《くよう》にもなりますので、ゆっくりお召し上がりください。

あいさつの流れ

①納骨式のお礼
四十九日法要のとき納骨を行うことが多いので、納骨式から参列してもらったお礼を述べます。

②生前の厚誼のお礼
故人の友だちの出席が多い場合は、これまでのつき合いのお礼を。とくに病気見舞いなどをしてくれていたら、そのことにもふれて厚誼のお礼を述べましょう。

③食事の案内
忌明けのときの食事は「忌明けの膳」という表現をします。

法要でのお礼のあいさつ

夫の一周忌法要

32歳男性

・学生時代にレスリング
・心臓発作による突然死
・3人の遺児を支えに

話し手
施主
妻

3分

参列のお礼

本日はご多忙のところ、夫○○の一周忌の法要にご参列くださいまして、心からお礼申し上げます。夫が生前、お世話になっていた△△株式会社さまから大勢の方がお見えくださり、あらためて良い会社にお世話になっていたのだと感謝申し上げるしだいです。みなさま、わざわざのお越しをありがとうございます。

突然死

学生時代にレスリングをしていた夫は、頑丈なからだが自慢で、病気で会社を休んだことなど一度もなかったほどでした。それが、突然の心臓発作で帰らぬ人となりました。もうあれから1年たったのに、まだ玄関のドアを開けて「ただいま」と夫が帰ってくるような気がします。

今後の決意

と申しても、悲しんでばかりいられません。3人の子どもを立派に育てるのが残された私の仕事だと心得ているつもりです。また、お世話になることがあると思いますので、どうかよろしくお願いいたします。

食事

本日は、心ばかりの食事を用意いたしました。夫の思い出などをお話しいただきながら、ゆっくりお過ごしくださいませ。

あいさつの流れ

①会社へのお礼
夫が勤めていた会社の人が大勢見えている場合は、そちらへの感謝のことばを述べるのがマナーです。

②妻の決意
今後の行く末を心配する参列者に、妻として母として立派に生きていく決意を述べます。

③酒肴の勧め
ゆっくりくつろいでいただけるように施主から酒肴を勧めます。

法要でのお礼のあいさつ

追悼ミサでのあいさつ

63歳 女性
- 1年後の追悼ミサ
- カトリック教徒だった
- 中学校の教師だった

話し手
施主
夫

2分30秒

参列のお礼／妻の思い出／葬儀ミサの様子／茶菓の勧め

本日はお忙しいところ、亡き妻の追悼ミサにご参列くださり、ありがとうございます。妻が神に召されてから1年が過ぎました。

あっと言う間の1年であったような、10年くらいたった1年であったような、そんな複雑な1年間でした。

妻とは学生時代、大学の教会堂で知り合い、ともに社会人になった3年目の春に結ばれました。妻はふたりの子どもを育てながら、中学校で教鞭《きょうべん》をとり、教え子たちとの交流も活発でした。

葬儀のミサに百人を超える教え子たちが参列してくれた様子が、今でも思い出されます。今日もたくさんの教え子のみなさんがお運びくださり、ありがとうございます。また、同僚の先生、お友だちのみなさん、妻は天国からみなさんのお顔を拝見し、さぞ喜んでいることでしょう。

本日は本当にどうもありがとうございました。別室に茶菓の用意がしてありますので、お時間が許される方は、どうぞゆっくりと妻の思い出話などを語り合ってください。

あいさつの流れ

①参列のお礼
カトリックで行われる追悼ミサでのあいさつ。まず、参列のお礼を述べます。

②妻の思い出
妻の人生を語りながら、おつき合いいただいた人たちへの感謝のことばを述べます。

③茶菓の勧め
キリスト教式ではお酒ではなく茶菓でもてなすのが一般的です。

法要でのお礼のあいさつ

妻の三回忌法要

47歳女性
・娘と息子を残した
・ガーデニングが趣味
・子どもたちの成長の報告

話し手
施主
夫

2分30秒

参列のお礼

本日はお忙しいなか、亡き妻○○の三回忌の法要にご参列いただき、誠にありがとうございます。

生前お世話になったみなさまに、このようにご供養いただき、○○も草《くさ》葉《ば》の陰《かげ》で喜んでいることと存じます。故人になり代わりお礼申し上げます。

子どもたちの成長

47歳という若さで妻が亡くなり、丸2年が過ぎました。高校2年生だった娘・沙紀と中学3年生だった息子・雄介も、大学生と高校生に成長しました。2人とも母親の死を受け入れて、乗り越えてくれました。

遺志を引き継ぐ

今、わが家の玄関わきの小さな花壇では、妻が好きだったコスモスが可憐な花を咲かせております。いつのまにか子どもたちが、妻の趣味だったガーデニングを引き継いでくれているのです。

厚誼のお願い

私ども家族が、何とか今日までこれたのも、みなさまのご厚情のおかげと感謝申し上げます。また、今後も変わらぬご厚《こう》誼《ぎ》をお願いいたし、ごあいさつとさせていただきます。本日はありがとうございました。

あいさつの流れ

①参列のお礼
故人を供養し偲ぶために参列してくれた方々へ感謝の気持ちを述べます。

②子どもたちの成長
故人の忘れ形見の成長を参列者に報告し、かつ故人への供養とします。

③厚誼のお願い
家族への厚情を感謝し、変わらぬ厚誼をお願いします。

法要でのお礼のあいさつ

夫の七回忌法要

61歳男性
・定年退職後すぐに発病
・仕事ひとすじだった
・会社時代の仲間への感謝

話し手
施主
妻

2分30秒

参列のお礼

本日は、お休みのところを、亡き夫○○○○の七回忌の法要にご参列いただきまして、誠にありがとうございます。つつがなく供養《くよう》ができましたのも、ひとえにみなさまのおかげと感謝申し上げます。

故人の思い出

主人は、定年退職をいたしまして間もなく発病し、帰らぬ人となりました。在職中は仕事ひとすじで、土日もほとんど家にいない人でした。

亡くなってしばらくは、やっとこれからのんびりできるはずだったのにと残念で仕方がありませんでしたが、最近では、主人は仕事人生をまっとうして満足しているに違いないと思うようになりました。

厚情のお礼

今日も、このように会社ゆかりの方々にお越しいただいて、あの世でさぞかし喜びなつかしがっていることと存じます。

また、何から何まで主人まかせでした私が、ひとりになったあと、今日までなんとかやってこられましたのは、みなさまの温かいご厚情のおかげでございます。どうか、これからも、よろしくお願い申し上げます。

ありがとうございました。

あいさつの流れ

①**参列のお礼**
せっかくの休日にもかかわらず、故人の供養に参列してくれたことに感謝の気持ちを述べます。

②**故人の思い出**
故人の幸せだった様子、楽しそうだった様子を偲びます。

③**厚情へのお礼**
故人の死後お世話になった方々へ、感謝の気持ちを表します。

法要でのお礼のあいさつ

妻の十三回忌

28歳女性
・28歳の若さで事故死
・夫は再婚
・夫は、旧縁も大切にしている

話し手
施主
夫

2分30秒

参列のお礼

みなさま、本日は故○○○○の十三回忌の法要にご参列いただき、まことにありがとうございます。施主として、ひとことごあいさつ申し上げます。

故人亡きあとの経緯

○○が28歳の若さで不慮の事故で亡くなったのが12年前でした。私は茫然《ぼうぜん》自失《じしつ》し、みなさまには大変お世話になりました。その後、現在の妻・由里子と出会うことができ、みなさまや○○のご両親の後押しもいただきまして、○○の三回忌を終えたあと結婚いたしました。

現在、2人の子どもにも恵まれ、まずまずの人生を歩んでおりますのも、あの世から○○が見守ってくれているからだと感謝しております。

参列者へ感謝

本日、○○のご両親ならびにご親戚、さらに○○ゆかりの方々にご列席をいただき、若くして散った彼女の御霊《みたま》を供養できることは、大変にありがたく、厚くお礼申しあげます。

厚誼のお願い

今後も、○○の残してくれました縁を、大切にしてまいりたいと思っております。どうかいっそうのご厚誼《こうぎ》をお願い申し上げます。

あいさつの流れ

①**参列のお礼**
現在は別の妻がいるので、「亡き妻○○」ではなく「故○○」とします。

②**故人亡きあとの経緯**
再婚と、現在の家庭について報告します。

③**感謝**
故人、そして参列者に感謝の意を表します。

法要でのお礼のあいさつ

母の初七日法要

94歳女性
・風邪をこじらせて心不全
・家族に見守られた最期
・大正、昭和、平成を生きた

話し手
施主
長男

2分30秒

お礼

みなさま、本日は、お忙しいなか、誠にありがとうございます。

私は、長男の武彦と申します。ひとことごあいさつ申し上げます。

逝去の様子

3月10日、午前2時48分、母○○は、△△病院にて逝去《せいきょ》いたしました。94歳でございました。春先よりの風邪をこじらせ、肺炎に近い状態となり入院いたしました。みなさまにご尽力いただきましたが、寿命であったのでしょう、最後は心不全で息を引き取りました。意識は最後までしっかりしておりまして、息子、娘、その連れ合い、そして孫たちと、親族に見守られて静かにあの世へと旅立ちました。まことにやすらかな最期で、大正・昭和・平成の3時代を強く、しなやかに生きぬいた母にふさわしいことであったと、思っております。

酒肴の案内

四十九日までは、故人の魂は、この世にあるそうです。私も、もう1度叱ってほしいという思いがあります。みなさまも、供養《くよう》の酒肴《しゅこう》を召し上がりながら、故人を偲《しの》んでいただけましたら幸いでございます。

本日は、誠にありがとうございました。

あいさつの流れ

①自己紹介
お礼とともに自己紹介を。

②逝去の様子
初七日の供養は葬儀と合わせて行うことが多く、その場合は、例文のように逝去の様子を報告します。本来通り死後7日目（死亡日を含む）に行う場合は、内輪の集まりになりますので、現在の心境を述べましょう。

③酒肴の案内
供養になることを伝え、酒肴を勧めます。

法要でのお礼のあいさつ

父の四十九日法要

88歳 男性
・充実した人生を送った
・船の設計者だった
・海と酒が好きだった

話し手
施主
長男

3分

参会のお礼 / 故人の仕事 / 故人の思い出 / 酒好きの父

本日は、亡父○○の四十九日法要にご参会いただきまして、心よりお礼申し上げます。みなさまには通夜から葬儀、そのあとなにかとお世話になり、感謝申し上げるしだいです。

生前の父は、大学卒業後一貫して船の設計に携わり、定年後もみなさまのおかげで、70歳まで現役の技術者でいられました。とにかく船が好きで、80歳ころまではぶらりと港に船を見に行くような父でした。

記憶の中にある父は仕事ばかりの人で、子どものころはさびしい思いもしましたが、自分が働くようになってからは、充実した人生を送った父を誇りに思うようになりました。

どう生きるかなどの助言をしてくれるような父ではありませんでしたが、生き方そのものが立派なアドバイスだったのかと思っています。

そんな父でしたが、お酒が好きで亡くなる前の日まで、晩酌を楽しんでいました。「好きなものは海と酒」と言っていた父です。供養にもなりますので、どうぞごゆっくり召し上がってくださいませ。

あいさつの流れ

①感謝のことば
葬儀から今日までのお世話と参会のお礼を。

②故人の思い出
故人の仕事ぶりをテーマにしたあいさつ。立派な人生だったと子どもの口から感想を述べることで、供養になります。

③酒肴の勧め
「お酒が好きだった」のほか「にぎやかなことが好きだった」などを理由に、酒肴を勧める決まり文句。

法要でのお礼のあいさつ

神式で行う母の五十日祭

78歳女性

・早くに夫と死別
・モノを捨てるのが嫌い
・子どもへ注いだ愛情

話し手
施主
長男

3分

出席のお礼

みなさま、本日は亡き母の五十日祭にお集まりいただき、ありがとうございます。遺族を代表しまして、ひとことお礼のごあいさつをさせていただきます。母が生前大変お世話になりましたみなさまには、先日の葬場祭《そうじょうさい》、五十日祭とお運びいただきまして、感謝のことばもありません。

母の思い出

早いもので母が亡くなりまして50日になろうとしています。父と死別してからひとりで暮らしていた家を弟と整理していると、私たち兄弟が子どものころに遊んでいたおもちゃや、授業で描いた絵などが押入から出てまいりました。モノを捨てるのが嫌いだった母らしい、とふたりで苦笑いをしました。しかし、こうした思い出こそが母の宝ものだったと思うと、あらためて私たちへの愛情の深さを知ったしだいです。

いま思うと、弟と2人、母にしてもらった記憶はいっぱいありますが、母にしてあげた記憶がほとんどないなあ、とため息をつきました。

酒肴の勧め

こんな母を偲《しの》び、今日は酒食の席も用意もしてございますので、ゆっくりお過ごしください。

あいさつの流れ

①感謝のことば
葬場祭（神式の葬儀）から五十日祭（神式の忌明け）に参列していただいたお礼を。

②故人の思い出
遺品の整理をしていたときに感じた故人の思い出をテーマにまとめた事例。母の愛情の深さに感謝したエピソードです。

③酒食の勧め
神式も酒肴はOK。くつろいでもらうように勧めます。

法要でのお礼のあいさつ

母の一周忌法要

72歳女性
・さびしがり屋だった母
・妹と数年間介護
・葬儀後の脱力状態

話し手
施主
長女

2分30秒

お礼　葬儀後　食事

本日は、亡き母○○の一周忌法要にお集まりただきまして、ありがとうございます。葬儀、四十九日法要とみなさまにはお運びいただき、大変お世話になりました。

さびしがり屋の母でしたから、このように多くのみなさまのお顔を見て、さぞや喜んでいることでしょう。

母が亡くなる前まで数年間、介護と看病をしてきたせいでしょうか、妹も私もしばらく気が抜けたような状態が続きました。それでも、それぞれ家族があることですから、日々の暮らしを懸命に生きているうちにやっと落ち着き、一周忌を迎えることができました。

母を失った悲しみによって、妹とのきずな、それぞれの家族のきずながより固くなったような気がします。結局、母がそう導いてくれたのだと、あらためて感じています。

今日は、気持ちだけのお食事をご用意させていただきました。のちほど母の思い出話などを聞かせてください。

あいさつの流れ

①参列のお礼
葬儀、四十九日、一周忌と参列してくれたことへのお礼を述べます。

②1年間の出来事
故人が亡くなったあと、遺族がどのように過ごし、大事な人の死を受け入れていったかをテーマにしたあいさつ。立ち直った遺族の様子を伝え、お客さまを安心させます。

③酒肴の勧め
故人の思い出を聞かせてくれるようにお願いし、酒肴を勧めます。

法要でのお礼のあいさつ

父の三回忌法要

83歳 男性

・会社を創業しワンマン経営
・施主である長男が継承
・会社経営の困難さ

話し手
施主
長男

2分30秒

参列のお礼／創業者／故人の死後の業績／酒肴の勧め

みなさま、本日は亡き父、△△株式会社元会長○○○○の供養《くよう》のために、お忙しいところを多数ご列席いただきまして、誠にありがとうございます。おかげさまで父の三回忌法要を無事に営むことができました。

みなさまご承知のように、父が50年前に創業したわが社は、父のワンマン経営会社と言ってもよい会社でした。持病を悪化させ7年前に引退したものの、それでも後ろで睨《にら》みをきかせていました。父が、亡くなり私と弟が経営を引き継ぎましたが、さぞや頼りなく、心配だったことでしょう。

この2年間、弟と寝食を忘れて、がんばったつもりでございます。おかげさまで、少しずつ利益のあがる会社になっています。そのことを先ほど墓前にて報告いたしました。これも、今日参列いただいている、社員のみなさん、お得意さまのおかげと、ただ感謝するばかりです。

ささやかな酒肴《しゅこう》をご用意させていただいています。父の思い出話などをお聞かせいただきながら、時間の許す限りお召し上がりください。

あいさつの流れ

①参列のお礼
三回忌法要に参列いただいたお礼を、施主から述べます。

②会社の後継
故人から会社を引き継いだ施主のあいさつの例。会社が無事に経営できていることと、協力いただいたことへの感謝のことばをテーマにします。

③会社の業績
会社関係者の参列者が多い法要では業績の話も。

④酒肴の勧め
お礼にかえて酒肴を勧めます。

法要でのお礼のあいさつ

父の七回忌法要

75歳男性
- 早くに妻を亡くした
- 脳出血で死亡
- 桜の季節に亡くなった

話し手
施主
長女

3分

参会のお礼　突然死　葬儀の後　食事の勧め

みなさま、本日は亡き父の七回忌法要のご案内を差し上げましたところ、このように多数の方のご参会を賜り、本当にありがとうございます。

父が突然、脳出血で倒れ、そのまま帰らぬ人となって、6年になります。母を亡くしたあと、男手ひとつで私を育ててくれた父にこれから恩返しをしようと思っていた矢先でした。

実家を訪ねていた私が、倒れた父を病院に運んだそのとき、ほたる川の川岸の桜が満開だったのを憶えています。毎年、満開の桜を目にするたびに、父のことを思い出します。

葬儀はつい昨日のことだったような気がしますが、父が可愛がってくれていた、当時小学生だった私どもの長女と長男も、それぞれ高校生、中学生になっています。残された家族がみんな元気で、無事に過ごせているのも父が見守ってくれているからかもしれません。

そんな父の好物を用意させていただきましたので、供養だと思いゆっくりお召し上がりください。

あいさつの流れ

①**参列のお礼**
多数の参列にお礼の気持ちを表現します。

②**葬儀後の暮らし**
故人と関わりの深かった家族などが死をどのように受けとめ、そこから立ち直って元気に暮らしているかを参列者の前で報告し、供養とした例。

③**故人の好物の勧め**
故人の好物を用意し、それを供養とします。

法要でのお礼のあいさつ

母の十三回忌法要

78歳
女性

・長男が海外転勤中に死亡
・故郷に眠っている母
・親戚に世話になっている

話し手
施主
長男

2分30秒

内輪の法要の説明

本日は亡き母○○の十三回忌法要にお運びいただき、ありがとうございます。今日は、母の近しい方にご連絡を差し上げ、ごく内輪の法要にさせていただきました。大げさなことが嫌いだった母ですから、きっと許してくれると思います。

親戚へお礼

母が亡くなったとき、私は海外に転勤していまして、仙台の叔父さんから連絡いただき、飛行機に飛び乗ったしだいでした。おかげさまで最期のお別れができて、どれほど癒《い》やされたかしれません。

葬儀、一周忌、三回忌、七回忌と親戚のみなさまにご助力いただき、本当にありがとうございました。私も3年前に定年退職し、ゆっくり母の故郷を訪ね、お墓にもときどきは参れるようになりました。

酒肴の勧め

今日はささやかな食事を用意させていただきました。もう仏さまになって月日がたちますので、多少の無礼も許してくれるでしょう。お酒もたっぷりご用意させていただいていますので、どうぞごゆっくりお過ごしください。

あいさつの流れ

①内輪の会である断り
十三回忌ともなるとごく内輪の会になるのが一般的です。そのことを断るあいさつから始めます。

②葬儀後、世話になったお礼
葬儀の際や、法要の折など12年間に世話になったことを取り上げあらためて感謝のことばを述べます。

③酒肴の勧め
十三回忌ともなると、供養にもなるので堂々と酒肴を勧めてもいいでしょう。

父の三十三回忌法要

52歳男性
・妻である母は現在83歳
・「お父さんより長生きして」
・息子は亡父の年齢を越えた

話し手
施主
長男

2分30秒

お礼

みなさま、本日は、ご参列を賜り、誠にありがとうございます。

亡父の年齢を越えた

父は52歳で亡くなりましたが、早いもので、私も今年53歳になり、父の年齢を越えました。ここにおります母も今年83歳、いつも「お父さんよりは長生きしなきゃだめよ」と言われて過ごしてまいりましたが、これで、苦労しました母にもささやかな親孝行ができたと思っております。また、父にもみなさまの前で報告ができました。

厚誼に感謝

定年前の若さで父に先立たれました母、そしてまだ若輩でありました私たちきょうだいが、なんとか今までやってこられましたのも、みなさまの公私にわたるお力添えのおかげであります。家族一同、みなさまに心から感謝申し上げます。ありがとうございました。

また今後のいっそうのご厚情をお願い申し上げます。

酒肴の案内

この後、ささやかな酒肴《しゅこう》をご用意しております。みなさまから父の思い出話など、ゆっくりと伺いたいと願っております。それでは、バスのほうへ、どうぞ。

あいさつの流れ

①亡父の年齢を越えた
残された子どもが早世した親の年を越えることは、子どもにとっても、周囲にとっても、喜ばしいことであり、なにより故人の供養になります。

②感謝・厚情のお願い
父亡き後の厚誼に感謝し、今後の厚情をお願いします。

③酒肴の案内
旧交を温めるよい機会ともなります。

法要でのお礼のあいさつ

幼くして亡くなった長女の初七日法要

5歳 女児
・白血病で亡くなった
・幼稚園に通っていた
・父の日に描いてくれた絵

話し手
施主
父親

2分30秒

お礼

みなさまには、○○のためにお集まりいただき、ありがとうございます。私は、父親の本田卓也です。

亡くなるまでの経緯

○○は、2月27日午後9時13分、小児白血病で亡くなりました。享年《きょうねん》5歳でした。昨年から幼稚園の年中組に通い始め、父の日には、パパの絵を描いてくれました。それが11月になって、熱が続くようになり、2件めの病院で急性白血病であると診断されました。それからは、東京都内の小児がん専門の病院に移り、母親がつきっきりで看護してまいりましたが、やむえないこととなりました。

願い

つらい治療から開放され、天国で楽しく遊んでいてほしい。今は、そう願うばかりです。

感謝

○○の生前には、幼稚園の先生方や、お母さん方に大変お世話になりました。心からお礼申し上げます。娘は、最期まで「幼稚園に行きたいなあ」「お友だちと遊びたいなあ」と申しておりました。

本日は、ありがとうございました。

あいさつの流れ

①**お礼と自己紹介**
施主の顔を知らない人もいるので最初に自己紹介します。

②**亡くなるまでの経緯**
葬儀と初七日の法要を合わせて行う場合は、経緯の報告を盛り込みます。

③**感謝**
娘が生前、お世話になったことを感謝します。

法要でのお礼のあいさつ

母ひとり子ひとり、長男の三十五日法要

28歳 男性
・突然の事故死
・シングルマザーのひとり息子
・友だちが大勢いた

話し手：施主 母親

2分30秒

参列のお礼

みなさま、本日は、故○○○○の三十五日の法要にお越しいただき、ありがとうございます。亡くなりましたのが11月16日で、四十九日ですと年始めになるため、三十五日で忌明《きあ》けとすることにいたしました。

所感

突然の事故でして、私といたしましても、まだ○○の死が信じられない思いでございます。先ほど、ご法師さまから、本日をもって○○は仏になったとお言葉を頂戴《ちょうだい》いたしました。悲しみは癒《い》えませんが、これからは仏になった○○を供養《くよう》し、毎日を過ごしてまいる所存でございます。

感謝

葬儀から今日まで、○○の会社の方々にはひとかたならぬお世話をいただきました。○○になり代わりお礼申し上げます。本日、ご参列いただきました、大勢のお友だちのみなさま、さらに私ども母ひとり子ひとりの家庭を温かく見守ってくださったみなさまにも、心からお礼申し上げます。

酒肴の案内

このあと、もう少しみなさまから○○のお話を聞かせていただきたく存じます。別室に酒肴《しゅこう》のご用意がございますので、ぜひどうぞ。

あいさつの流れ

①**参列のお礼**
一般的な四十九日でなく、三十五日で忌明けの法要を行う理由を説明します。

②**所感**
気持ちが整理できないでいることを正直に伝えることもよいでしょう。

③**感謝**
法要が無事、営めたことを感謝します。

法要でのお礼のあいさつ

幼くして亡くなった長女の一周忌法要

8歳女児

・8歳で事故死した長女
・5歳になる妹がいる
・悲しみから立ち直る

話し手
施主
父親

3分

出席のお礼

本日は、私どもの長女○○の一周忌の法要にお集まりいただきまして、ありがとうございます。○○のお友だちのお母さん方にまでお運びいただいて、ほんとうにありがとうございます。

1年間の夫婦の思い

1年前、私たち家族を襲った悲しみはとても深く、ただ呆然《ぼうぜん》とするばかりでした。正直申し上げると、葬儀から1カ月くらいの出来事は今はっきり思い出せないほどです。妻も同じだと申します。5歳になる妹の香織が私たち夫婦を励ましてくれ、それによって日々悲しみが癒《い》やされ、やっと事実を受け入れることができるようになりました。

立ち直り

大きな悲しみから立ち直り、平穏な生活をよみがえらせることが○○が望んでいることに違いないと気づきました。この1年間いろいろ気づかい、お励ましいただいたみなさまにあらためて感謝するしだいです。

案内

これといったおもてなしはできませんが、ゆっくりお過ごしください。

なお、お帰り際ですが、○○が好きだった洋菓子を引き物としてご用意させていただいています。お荷物になりますが、お持ちください。

あいさつの流れ

①参列のお礼
亡くなった子どもの関係者に、わざわざ参列してくれたことへのお礼を。

②悲しみからの立ち直り
子どもを事故で亡くした悲しみから家族がどのように立ち直ったかをみなさんに語ります。感情的にならず淡々と語りましょう。

③引き物の案内
食事の案内とともに、引き物の案内を。故人が子どもですから、お酒を出してもおおっぴらに勧めないほうがいいでしょう。

法要でのお礼のあいさつ

高校生だった次男の三回忌法要

17歳 男性
・暴力事件により失命
・バンドをやっていた
・死後、母はNPOに参加

話し手
施主
母親

2分30秒

参列のお礼

みなさま、本日はお忙しいなか、ありがとうございます。

次男の○○の三回忌法要にあたりまして、母親の私が、ひとことごあいさつ申し上げます。

次男の供養として

高校生だった○○が亡くなりまして、早くも2年が過ぎました。息子はバンドをやっておりましたので、今でも電車の中で楽器を持った高校生を見ると、つい「○○」と呼びかけそうになります。それでも昨年から、同じように不当な暴力で家族や友人を亡くした人たちの集まるNPOに参加し、いろいろお手伝いさせていただくようになりました。世の中から暴力行為を減らすことが、○○への供養《くよう》になると思っております。

長男の成長

この2年間、自暴自棄に走りそうになる私を、長男の俊一郎がいつも励ましてくれました。長男もつらかっただろうと思いますのに、いつのまにか頼りがいのある人間に成長してくれました。

厚情のお願い

どうか、今後とも、私たち親子2人への変わらぬご厚情をお願いいいたしまして、ごあいさつとさせていただきます。

あいさつの流れ

①次男の供養として
子どもの死を、どう乗り越えつつあるか、報告し、参列者に安心してもらいます。

②長男の成長
もう1人の息子にもふれます。

③厚情のお願い
親子2人への厚情をお願いしてあいさつとします。

法要でのお礼のあいさつ

長く患った長女の七回忌法要

30歳女性

・12年間の闘病生活
・高校生時代に発病した
・5倍の速さで生きた娘

話し手

施主
父親

2分30秒

参列のお礼

本日は、故○○の七回忌の法要にご参列いただき、誠にありがとうございました。○○もさぞかし喜んでいることと感謝申し上げます。

6年を振り返る

私も妻も、もう6年経つのかと、驚いております。○○が発病したのが高校3年生の春でした。現在の医学でも原因が解明できず、治療法が見つかっていない難病でした。12年間も病床で過ごし、とうとう力尽きました。6年前のことが、つい昨日のことのように思えるのは、短い命を懸命に生きた○○の姿がまだ鮮明に残っているからでしょうか。

故人の人生を振り返る

ある方からこんなお話を聞きました。○○は日々筋肉が衰えていくなかで、最初は車椅子の乗り方を覚え、最後は唯一動かせる目のまばたきでのパソコン操作を覚え、毎日人の5倍は生きていた。だから○○の12年間は、普通の人の60年に匹敵するのだと。そうであれば、あの子も天寿を全うできたことになるかもしれません。

前向きに

まだ、思い出にしがみつきがちな私たちですが、○○に負けないよう、これからの人生を5倍生きるつもりでがんばりたいと思います。

あいさつの流れ

①参列のお礼
参列してくれた、学校時代の恩師や友人に感謝します。

②故人の人生を振り返る
故人が精一杯生きた姿を思い出し、生きることへのひたむきさを語ります。

③前向きな気持ち
残された人たちが元気に生きていくことが、なにより故人への供養になります。

事故死した次女の十三回忌法要

10歳女児
・事故で亡くなった
・幼少期はおちゃめな女の子

話し手
施主
母親

2分30秒

参列のお礼

本日は、故○○○○の十三回忌の法要にご参列いただきまして、本当にありがとうございました。父・芳郎が、1週間前より入院しておりまして、代わりに母の私がごあいさつさせていただきます。

まだ傷が癒えず

七回忌を終えたころは、夫とも、次の法要のころには悲しみから立ち直り、心の整理ができているだろうと話したものでした。しかし、まだ娘が悲惨な事故に遭った運命が納得できないでいます。このごろでは、娘の思い出を一生背負って生きる生き方も、これで案外充足した生き方ではないかと夫婦で笑って話し合うこともあります。

故人の思い出

○○は2人姉妹の二女ですので、少しおちゃめな娘でした。いたずら好きなところもありまして、「パパのも私のとおそろいにしてあげるね」などと申して、父親の洗濯したてのYシャツに大好きな白雪姫をクレヨンで描いてしまい、私に大目玉をくらったこともありました。

精進落とし

今日このあと、みなさまから○○の昔話を聞かせていただけますなら、大変にうれしく存じます。ありがとうございました。

あいさつの流れ

①参列のお礼
施主が入院中で、代わりにあいさつすることを、まず断ります。

②立ち直りの報告
死から年月が経過した法要では、死の悲しみから立ち直った自分たちの姿をあいさつのテーマにすることがあります。しかし、幼い子を亡くした親が、悲しみが深くまだ立ち直れないでいる場合は、そのことを正直に語ってもマナー違反とはいえないでしょう。

③故人の思い出
いちばん印象に残る故人のエピソードを語ります。

法要でのお礼のあいさつ

義弟の初七日法要

64歳男性
・長年、工場で働いていた
・入退院をくり返しての病死
・無口だが良い人だった

話し手
親族代表
義兄

2分30秒

自己紹介

本日は、ご参列をいただき、まことにありがとうございます。故人の妻・高橋江美子に代わりまして、兄の私がごあいさつ申し上げます。

他界の経緯

故○○○○は、株式会社△△産業に42年間勤務し、定年退職後は、××精機工業に第二の職を得まして、長年培った技術を後進に伝え、指導しておりました。一昨年、病を得まして、手術を受け一度は回復しましたが、今年再発して入院。家族の手厚い看護もむなしく、帰らぬ人となりました。故人闘病中は、みなさまから並々ならぬご親切をいただきましたこと、ここにあらためてお礼申し上げます。

故人の人柄

故人は、景気のよいときも悪いときも、黙々と物づくりの現場で仕事に励み、家庭では無口ではありましたが、良き夫でありました。64歳と若くして旅立ったことが、誠に残念です。

厚情のお願い

最後に、みなさまよりの生前の故人へのご厚誼《こうぎ》に深く感謝申し上げ、さらに残された遺族への変わらぬご厚情をお願い申し上げ、ごあいさつとさせていただきます。ありがとうございました。

あいさつの流れ

①**自己紹介**
施主に代わってあいさつすることを断ります。

②**他界の経緯**
故人の近況と、闘病の経緯を簡単に報告します。

③**故人の人柄**
故人の人柄にふれます。

④**厚情のお願い**
故人への厚誼に感謝し、残された妻への厚情をお願いします。

法要でのお礼のあいさつ

叔母の四十九日法要

72歳 女性
- 施主である叔父が体調不良
- さっぱりとした性格だった
- 笑いの絶えない人だった

話し手
親族代表
甥

2分30秒

自己紹介

故人の甥の工藤祐二と申します。施主である叔父に代わり、親族を代表いたしまして、ひとことごあいさつ申し上げます。

同居していた

叔母は、私の父の妹にあたりまして、私が小学2年生まで、いっしょに住んでおりました。給料日にはケーキを買ってきてくれたり、休日には遊園地に連れていってくれたりと何くれとかまってくれました。叔母の結婚式には寂しさで恥ずかしくも泣き出してしまい、大人たちを困らせたことを覚えております。

エピソード

私が学生のころ、叔父さんが海外出張されたときに、「無用心だから用心棒に来てほしい」と要請を受け、泊まりに行ったことがあります。夜中に寝ていると、叔母が「泥棒が入った」と起こしにきました。暗闇の中で怪しい人影に殴りかかると、なんと叔父さんでした。叔母は叔父の帰国の日を忘れていたのです。相当のおっちょこちょいでしたね。もう叔母さんと、笑いあえないと思うと本当に寂しい。

締め

叔母さんのご冥《めい》福《ふく》を心から祈念し、ごあいさつといたします。

あいさつの流れ

①自己紹介
故人との関係と氏名を名乗ります。

②故人の思い出
故人の人柄が偲べるエピソードをいくつか披露します。他の参列者に関わる内容の場合は、事前にひとこと知らせて了解を得ておくとよいでしょう。

③冥福を祈る
故人の冥福を祈念し、結びとします。

法要でのお礼のあいさつ

兄の百カ日法要

55歳男性
・会社社長だった
・若いころグレた
・息子が跡を継ぐ

話し手
親族代表
弟

2分30秒

自己紹介

みなさま、本日は、ありがとうございます。
私は、故人の弟の若林隆介と申します。親族を代表いたしまして、ひとことごあいさつ申し上げます。

故人の思い出

兄と私は5つ違いでして、遊びも勉強も、いつも兄をお手本としてきました。ところが兄は高校生になると、グレまして、この時は、ちょっとついていけないなあと遠くから恐る恐るながめている状態でした。今にして思えば、長男として、オヤジの会社を継がなければならないことに重圧を感じ、反発していたのでしょう。しかし、大検に合格して大学に入ってからの兄は、悟ったように勉強や人脈作りに励むようになりました。このとき経営者としての覚悟が決まったのだと思われます。

誓い

先ほど兄の息子の卓也が、3代めとして全力を尽くすことを、兄にそしてみなさまに誓っておりました。私もかげながら、卓也とそして義姉《あね》を見守っていくことを、兄とみなさまにお誓い申し上げ、ごあいさつといたします。ありがとうございました。

あいさつの流れ

①**自己紹介**
故人との関係と氏名を名乗ります。

②**故人の思い出**
例文の法要は、故人の息子の後継者披露もかねているので、エピソードもそれに関連したものを選びます。

③**誓い**
新社長ならびに、未亡人を支えることを誓います。

法要でのお礼のあいさつ

妹の一周忌法要

自己紹介

みなさま、ご参列いただきまして、誠にありがとうございます。

私は、○○の兄の戸田誠一郎でございます。施主である義弟に代わり、親族を代表いたしまして、ごあいさつ申し上げます。

遺族を慰める

妹が42歳の若さで亡くなりまして、早1年が過ぎました。妻を失った義弟・貴幸の悲しみは、余人には計り知れないものであると察します。2人の子どもの世話と家事、もちろん仕事も手抜きはできなかったでしょう。「貴幸くん、よく頑張ったな」と私は、そう申し上げたい。

遺児への期待

そして、大輔と麻衣の2人の子どもたち。つらかったが、よくがんばったね。君たちが、立派に成長することが、天国のお母さんのなによりの喜びだと思います。そして妹を失った私たちの喜びでもあるのです。お父さんを助けて、そして困ったことがあったら伯父さんたちにいつでも相談してほしい。

厚誼のお願い

ご参列のみなさまにも、貴幸、大輔、麻衣への温かいご厚誼《こうぎ》をお願い申し上げ、ごあいさつといたします。ありがとうございました。

42歳 女性

・施主である義弟への応援
・2人の子どもへの応援
・家族への支援のお願い

話し手
親族代表 兄

2分30秒

あいさつの流れ

①**自己紹介**
参列のお礼を述べ、故人との関係と氏名を述べます。

②**遺族を慰める**
妻に先立たれた義弟、母を亡くした子どもたちを慰めます。

③**遺児への期待**
遺児を励まし、見守る決意を述べることで、故人を供養します。

法要でのお礼のあいさつ

不慮の事故で亡くなった兄の三回忌法要

37歳
男性

・鮎釣り中の水難事故
・遺児は弟が引き取った
・遺児はすくすく成長している

話し手
親族代表
弟

2分30秒

参列のお礼

本日はお忙しいところ、故○○○○の三回忌法要にお運びいただきまして、厚くお礼申し上げます。ご友人のみなさま、○○○○の会社関係のみなさまには、親族を代表してお礼申し上げます。

事故の様子

兄が不慮の事故に遭いましたのは、さくら川の上流でございました。鮎釣りに出かけましたが、前日の雨で水かさがあったところで足を滑らせ帰らぬ人となりました。

遺児の成長ぶり

5年前に妻の△△さんと死別し、2人の子どもを残しての事故でした。心残りはあったでしょうが、心配はいりません。2人とも母と私が同居する家で、裕太は今年中学生、友佳里は小学5年生とすくすくと育っています。折にふれてご支援くださるみなさまのおかげと、2人になり代わりお礼申し上げます。

酒肴の勧め

本日は、ささやかではありますが、食事の用意もしてございます。ゆっくりお召し上がりください。帰りには、引き物もございますので、忘れずに受け取ってお帰りください。

あいさつの流れ

①親族を代表して
参列者に対して親族を代表してお礼を述べます。

②事故の様子
2年前に襲った不慮の事故の様子を伝え、あらためて悲しみをかみしめます。

③子どもの行く末
故人の事故の経緯を説明しながら、遺児がすくすく育っている様子を参列者に報告します。

④酒肴の勧め
酒肴を勧めるとともに、引き物があることを案内します。

法要でのお礼のあいさつ

早世した姪の七回忌法要

13歳 女性
・生きていれば成人式
・頭がよく、ピアノも上手
・兄は医者をめざしている

話し手 **親族代表 伯父**

3分

自己紹介

本日は、ご参列を賜り、ありがとうございます。
私は、○○の伯父で、佐伯信彦と申します。親族を代表いたしまして、ごあいさつ申し上げます。

故人の思い出

○○ちゃんが亡くなって、もう6年。生きていれば、今年成人式だそうで、輝くような美しい娘に成長しているだろうと無念でなりません。○○ちゃんは、勉強もできたし、運動会ではいつもリレーの選手だったし、ピアノも上手でした。小学6年生でショパンの曲を弾き、音楽の先生を驚かせたそうです。今日、参列している私の娘と仲がよく、よく姉妹に間違えられたものでした。

故人を胸に

弟夫婦をはじめ親族の誇りは、○○ちゃんの兄の悟史君です。彼は妹の死を正面から受け止め、努力して医学部に進学しました。将来は小児科医を目指しているそうで、○○ちゃんのような子どもたちを大勢救ってくれることでありましょう。天国の○○ちゃん、私たちは、いつまでも君のことを忘れないよ。ありがとうございました。

あいさつの流れ

①**自己紹介**
参列のお礼と、自己紹介をします。

②**故人の思い出**
将来の可能性がいっぱいつまった子どものままで逝った、故人を偲びます。

③**故人を胸に**
故人の影響で医者をめざす兄の例を上げ、参列者一人ひとりが故人を忘れないことを誓います。

法要でのお礼のあいさつ

祖父の三十三回忌法要

69歳 男性
・仕事にきびしい宮大工
・学生だった自分に助言
・風呂のあとの2合の酒

話し手
親族代表 孫

2分30秒

施主の代理

みなさま、本日はお忙しいところ、故○○○○（俗名）、○×院△□居士（戒名）の三十三回忌法要にご列席いただきまして、誠にありがとうございます。本来であれば、父・順三が施主を務めさせていただくところですが、病気療養中につき、大変僭越《せんえつ》とは存じましたが、故人の孫である私がみなさまにご連絡を差し上げることとなりました。

故人の思い出

祖父が亡くなったのは、私が学生のときでした。仕事にきびしい宮大工の職人だったという話でしたが、私の記憶の中の祖父は、いつもやさしい笑顔で、風呂好きな好好爺《こうこうや》でした。そんな祖父が、怠惰な学生生活を送っていた私に「勉強は一生続けるものだよ」と言ってくれました。そのことばが、祖父の遺言《ゆいごん》のようになってしまい、怠けたくなるとそのことばを戒めにしてきました。

酒肴の勧め

祖父はお風呂のあと、ゆっくり日本酒を2合飲むのをなによりの楽しみにしていました。今日は、祖父の供養《くよう》ですから、お時間の許す方は、ゆっくりお召し上がりください。

あいさつの流れ

①施主の代理である断り
施主が出られない事情を簡単に説明し、代理を務める断りを述べます。

②故人への思い出
三十三回忌なので遠い昔の思い出になりますが、世話になったことがあればそのことをテーマに。

③酒肴の勧め
三十三回忌ともなると、堂々と酒肴を勧めても大丈夫。故人が酒好きならなおさらです。

法要でのお礼のあいさつ

先祖の百回忌法要

71歳 男性
・会社の創業者であった
・現在創業家は経営者ではない
・ダンディーな紳士だった

話し手
親族代表
本家

2分30秒

自己紹介

本日は、お忙しいなか、大勢のみなさまにご参列いただき、ありがとうございました。また、△△貿易株式会社のみなさまには、田口宗太郎の百回忌の法要にご尽力いただき感謝申し上げます。私は田口智彦と申しまして、宗太郎より5代目の子孫でございます。田口家を代表いたしましてひとことごあいさつ申し上げます。

故人の逸話

△△貿易株式会社の創業者である田口宗太郎は、江戸時代の天保10年に生まれ、明治維新を迎えると、横浜のイギリス人の貿易商社で見習いから始め、明治10年には、自分の店を持ったと聞いております。

私が子どものころには宗太郎の孫にあたる祖父が存命でして、よく話してくれたところによりますと、宗太郎は小柄ではあるが眼光が鋭く、そしてとてもダンディーな紳士であったということです。

会社の発展を祈念

「紳士であれ」は△△貿易の社風であり続けていると聞いております。紳士の精神を忘れず、今後も△△貿易がますます発展することを祈念して、ごあいさつといたします。ありがとうございました。

あいさつの流れ

①自己紹介
参列者に礼を述べ、さらに例文では、故人が起こした会社が施主であるので、会社関係者に法要の礼を述べます。

②故人の逸話
古い話なので、よく調べてからエピソードを考えます。

③会社の発展を祈念
会社主催の法要であるので、最後は会社の発展を祈念します。

法要での献杯のあいさつ

葬儀や法事では、「乾杯《かんぱい》」ではなく「献杯《けんぱい》」

「献杯」は、葬儀や法事の酒席で使うことばです。一般の宴席の「乾杯」にあたります。

「献杯」と言って、グラスを差し出し、口をつけます。「乾杯」のように、各人のグラスとグラスを合わせることはタブーとされていますので気をつけましょう。

「乾杯」と最初に声を上げリードすることを、「乾杯の発声をする」「乾杯の音頭をとる」と言います。結婚式などでよく使われます。

しかし献杯の場合は、「音頭をとる」という表現はしません。「献杯の発声をする」だけです。「献杯」と「乾杯」を間違えたり「音頭をとる」と口を滑らせたりしないように気をつけましょう。

発声の前には簡単なあいさつを

献杯の発声を頼まれたら、簡単なあいさつをし、それから発声します。

参列者は酒を目の前にして待っていますから、なるべく簡単にすませるのがよいのです。

構成要素としては、①遺族へのあいさつ、②自己紹介、③故人との関係、④故人の思い出、⑤発声、となります。

遺族へのあいさつは、四十九日までは「このたびは残念なことでございました」など、死を悼《いた》むことばを。一周忌以降は「お招きいただきありがとうございます」と、法要へ参加できたお礼を述べるとよいでしょう。

「献杯」の発声は、あまり元気よくせず、「祈るような調子」を心がけます。

親族代表として初七日の法要

36歳
男性
・病気療養のあと亡くなった
・手先が器用だった
・祖父も手先が器用だった

話し手
親族代表
伯父

2分

自己紹介

みなさま、本日は、○○○○のためにお集まりいただき、ありがとうございます。私は、故人の伯父で、滝沢慎一と申します。献杯の発声の前にひとことごあいさつ申し上げます。

遺族をねぎらう

故○○は、妹の子どもでして、私とは26歳離れておりました。まさかこのように早く逝《い》ってしまうとは思ってもおりませんでした。本人もさぞかし無念であったことでしょう。しかし、病気療養中、奥さんの喜代美さんをはじめ家族のみなさんが献身的な看護をされたことを、故人も草葉《くさば》の陰《かげ》で感謝しているに違いありません。

エピソード

○○は子どもの頃から手先が器用で、入院中も、木を削っては模型を作っていました。これはおじいさん、私の父に似たんだろうと思います。おじいさんもよく、木っ端で鳥だの仏さまだの彫っておりました。今ごろあの世で、おじいさんと会って、2人で木を削っているでしょう。

発声

それでは、○○の冥福《めいふく》を祈って献杯をいたします。

「献杯」、ありがとうございました。

あいさつの流れ

①自己紹介

故人から見た関係を述べてあいさつに入ります。「伯父」という立場だけでよく、たとえ大企業の社長であっても「△△物産代表取締役の滝沢です」と紹介する必要はありません。

②遺族をねぎらう

病気療養中から葬儀まで心労の続いた遺族をねぎらいます。

③発声

普通の乾杯とは違うので、落ち着いた声で。

法要での献杯のあいさつ

親族代表として四十九日法要

80歳女性

- 4人きょうだいの長子だった
- 子どもと孫に恵まれた
- 畑仕事が好きだった

話し手 **親族代表** 弟

2分

自己紹介

本日は、故○○○○の四十九日の法要にご参列いただき、ありがとうございます。私は弟の川崎高広と申します。献杯の前に、ひとことごあいさつ申し上げます。

頼もしい姉

姉は4人きょうだいの一番上、私は末っ子なので9つ年が離れており、小さい頃は何くれと面倒を見てくれました。気の強い姉で、悪いことをするとピシャリとたたかれもしましたが、いつも頼っておりました。

幸せな生涯

80年の生涯を閉じましたが、施主の俊樹君をはじめ、しっかりとした子どもたちに囲まれ、5人の孫にも恵まれ、姉ちゃんは幸せな人生でありました。畑作りが好きでしたので、あの世でも、大根だのトマトだの作って、近所に配っていることでしょう。

寂しくなるが、これも順番だから仕方がありません。姉ちゃん、先に行って、オレのことを待ってておくれ。

発声

それでは、故人の冥福《めいふく》を祈って、献杯をいたします。

「献杯」、ありがとうございました。

あいさつの流れ

①自己紹介
献杯の発生の前に、あいさつすることを断ります。

②故人を頼っていた
親族として幼いころの思い出を語ります。

③幸せな生涯
子どもや孫に恵まれた幸せな生涯であったと振り返ります。

法要での献杯のあいさつ

親族代表として一周忌法要

74歳男性

・アメ車バイクを持っていた
・遊び心のある粋な人だった
・甥を心配してくれた

話し手
親族代表
甥

2分

お礼と自己紹介

本日は、○×□△居士、故○○○○様の一周忌の法要が滞りなく執り行われ、○○さんのご供養《くよう》ができましたことを、親族の一人としてご参列のみなさまに感謝申し上げます。私は、○○さんの姉の息子にあたる甥の香川良雄と申します。僭越《せんえつ》ながら献杯の発声をおおせつかり、ひとことごあいさつ申し上げます。

バイクの思い出

私は今でこそ、このように堅物でありますが、若い頃はバイク仲間とつき合ったことがあり、髪もリーゼントで、母が「息子がカミナリ族になった」と大変心配をしました。するとこ○○叔父さんが、ぶらっとやってきまして、「ちょっと来い」と言うので納屋に行くと、なんとあこがれのアメ車ハーレーダビッドソンが置いてあるのです。叔父さんの愛車だったんですね。「いつでも貸してやるが、人と群れるな。人に迷惑をかけるな」と言われまして、まあカミナリ族にはならないで済んだわけです。

発声

このように叔父は、万事、酸《す》いも甘いも噛み分けた、さばけた人でありました。それでは、さばけた叔父さんの冥福を祈念しまして「献杯」。

あいさつの流れ

①お礼と自己紹介
年長の参列者が多い場合は、ていねいな言い方を心がけます。

②バイクの思い出
故人の人柄がでるような思い出を選んで、披露します。

③発声
故人の年齢や人柄を考慮してやや明るい声で発生してもいいでしょう。

法要での献杯のあいさつ

親族代表として三回忌法要

75歳 女性

・夫と若いころに死別
・子どもを立派に育てる
・保険の外交員をしていた

話し手 親族代表 義兄

2分

供養のお礼

みなさん、今日はご苦労さまです。こうして○○さんの三回忌ができて、私も感謝しております。○○さんもあの世で、みなさんに「ありがとう」と言っているでしょう。いちばんの年寄りということで、献杯の発声をやることになりました。

故人の苦労をねぎらう

○○さんは、弟の嫁さんでありまして、弟が若くして亡くなったもので、ずいぶんと苦労をしました。しかし保険の外交員をやりながら育てた子どもが、こんなに立派になって、苦労のしがいがあったというものです。

明るい人だった

仕事を辞めてからは、婦人会の会長もやりましたな。元気な、テキパキとした人だった。みんなに頼られて、いつも明るい声で、あれこれ世話を焼いていました。「義兄《にぃ》さん、ちょっとご相談があるんだけど」としょっちゅう家にも来ていました。暗い声は聞いたことがなかった。

発声

今日は、だから、明るい声で献杯しましょう。みなさん、杯の用意はよろしいかな。

「献杯!」、どうも、ありがとう。

あいさつの流れ

①供養のお礼
年長者として、皆をねぎらいます。内輪の集まりならば、堅苦しくない調子で話したほうが、参列者がくつろげるでしょう。

②故人の苦労をねぎらう
年長者として、故人の苦労をねぎらいます。

③明るい人だった
ありし日の故人の姿を偲びます。

法要での献杯のあいさつ

親戚代表として七回忌法要

82歳
男性

・妻の生家を手伝っていた
・一生に一度の大勝負
・義弟を救ってくれた

話し手
親族代表
義弟

2分

ねぎらい　故人の秘話　発声

本日は、○○さんの七回忌の法要も滞りなく執り行われ、施主の孝君をはじめみなさまには、大変にお疲れさまでした。○○さんも、あの世から安心して見ていることでしょう。

献杯の前に、少し昔話などをいたします。もう七回忌だから時効だと思いますので…。○○さんは姉貴と結婚したばかりのころ、私の生家の雑貨屋を手伝っていたことがあり、○○さんと私でおやじから金を持たされて仕入れに行ったことがありました。

ところが私が大金の入った財布をすられちゃった。2人で青くなってね。そしたら、○○さんが駅の競馬場の看板を見て、競馬場行って、有り金すべてで馬券を買ったら当たっちゃった。「義兄さん競馬はよくやるんですか?」と聞いたら「初めてです。もう一生やりません」と。まじめな人だったから、本当にあの時だけだったでしょう。私のために、賭け事はやらないという主義を曲げてくれたんですね。

さあ義兄さんに献杯しましょう。「献杯」、ありがとうございました。

あいさつの流れ

①ねぎらい
内輪の集まりの場合、献杯の発声は、年長者が行うことが多いものです。年長者として、施主をはじめ法要を営んだ遺族をねぎらいましょう。

②故人の秘話
当時は言えなかったことも、没後時間がたつことで、話せるようになります。しかし故人をおとしめる暴露話はいけません。

法要での献杯のあいさつ

親族代表として十三回忌法要

70歳 男性

・妹の同級生と結婚した
・妹一家とは懇意だった
・腕利きの刑事だった

話し手
親族代表
妹

2分

お礼

おかげさまで、故○○○○の十三回忌の法要もつつがなく執り行われました。施主の正弘さん、みなさま、本当にありがとうございました。

故人の思い出

兄と私は2人きりのきょうだいでしたので、十三回忌というひとつの区切りまで供養《くよう》できましたことを感謝申し上げます。普通は、お互い結婚して家庭を持ちますと、きょうだいといえどもおつき合いが薄くなるものですが、兄一家と私の家族は、ことあるごとに誘い合って旅行に行ったりしたものでした。それは、義姉《あね》の多恵ちゃんと私が同級生で、世間でいう嫁と小姑というような関係がなかったせいでしょう。

故人の人柄

兄の家族はもちろん、私の家族も、そしてそれぞれ独立した子どもたちの家族も、こうして仲良く集まれるのも兄の温厚な人柄のおかげかもしれません。仕事では腕利きの刑事として恐れられた兄も、家庭では争いごとが嫌いな平和主義者でしたから。

発声

年寄りの話はきりがございませんで、この辺で、どうぞお杯をお持ちください。「献杯」、ありがとうございました。

あいさつの流れ

①**お礼**
法要が無事、営めたことを、施主や遺族、参列者に感謝します。一般に法要は十三回忌でひと区切りとされます。

②**故人の思い出**
結婚後も家族ぐるみのつき合いが続いたことを、幸せだったと思い出します。

③**故人の人柄**
家庭での故人の人柄を披露します。

法要でのあいさつ

親族代表として三十三回忌法要

66歳男性
- 家具店の社長だった
- おもちゃを作ってくれた
- 孫が家業を継ぐ

話し手
親族代表
孫

2分

自己紹介

故〇〇〇〇の孫、坂井信吾でございます。本日は、祖父の三十三回忌の法要にご参列いただきまして、ありがとうございました。

祖父の思い出

祖父は私が8つのときに他界いたしました。私が物心ついたときには、すでに経営は父に任せておりましたが、毎日工場へ出て、黙々と家具の試作をくり返しておりました。私が見ていると木っ端で、飛行機や動物を彫ってくれまして、機嫌がよいと、ノミを使わせてもくれました。

家業を継ぐ決意

まったく家業に興味のなかった私が、イタリア旅行の途中で立ち寄った工房で黙々と椅子を作る老人を見て、突然会社を辞め無理やり住み込みの修行に入ったのは、祖父の思い出が体に染み込んでいたからだと思います。

発声

10年間のイタリア修行を終え、昨年より、△△家具で仕事をしています。どうぞ、今後とも△△家具をよろしくお願い申し上げます。

それでは、献杯に移ります。グラスをお持ちください。

「献杯」、ありがとうございました。

あいさつの流れ

①**自己紹介**
自己紹介とともに参列のお礼を述べます。

②**祖父の思い出**
孫ならではのエピソードを披露しましょう。

③**家業を継ぐ決意**
祖父の業績を継ぐことになった経緯を説明します。

④**発声**
△△家具のアピールも忘れずに。

法要での献杯のあいさつ

上司としての四十九日

32歳
女性

・会社の健康診断で異変
・優秀な女性社員だった
・気さくな人柄でもあった

話し手
会社関係
上司

2分

自己紹介

ご家族のみなさま、ご参列のみなさま、本日はお疲れさまでございました。私は、○○さんの会社の大山百合子と申します。

成仏を喜ぶ

四十九日の供養《くよう》を終えて、○○さんの御霊《みたま》もやすらかに落ち着かれたことと拝察いたします。

驚き

○○さんが会社の健康診断で再検査の診断を受けたのがこの5月でございました。入院ということで半年の休職に入られましたが、まさかこんなことになるとは思いもよらず職場一同驚きました。

故人の紹介

○○さんは総合職Aという職種で入社され、20歳代から地方転勤もこなし、30歳になると同期のトップをきって課長補佐に昇進された、わが社の女性社員のホープでございました。人柄もいたって気さくで、懇親会のカラオケでは、仕事とは打って変わってアイドルの歌を熱唱し喝采《かっさい》をあびておられました。これからという時に無念でなりません。

発声

○○さんのご冥福《めいふく》を心から祈念し、献杯を行いたいと存じます。

「献杯」、ありがとうございました。

あいさつの流れ

①**成仏を喜ぶ**
四十九日は一般に忌明けとされ、この世とあの世をさまよっていた死者の魂が極楽浄土に送られる日とされています（浄土真宗をのぞく）。成仏を喜ぶといっても、法事ですから控えめな表現で。

②**驚き**
突然の訃報に、職場一同驚いたことを伝えます。

③**故人の紹介**
優秀な会社員であったことを述べます。

法要での献杯のあいさつ

上司としての一周忌法要

30歳男性
・海外勤務についていた
・現地で事故にまきこまれた
・海外勤務直前まで話し手の部下

話し手　**会社関係**　**上司**

2分

自己紹介

この度は、故○○○○さんの一周忌法要にお招きくださり、ありがとうございました。私は、故人が勤務していた会社の者で、谷口克也と申します。ひとことごあいさつを申し上げます。

訃報に驚く

○○君は大変優秀な若手社員でして、抜擢《ばってき》されて、海外勤務に励まれておりましたが、今回、あのような事故にまきこまれ命を落とされたことは、大変に残念であり、悔しい気持ちでいっぱいでした。故人は海外勤務の直前まで私といっしょに仕事をしておりまして、ニュースを聞いて「なぜ、○○君なんだ！」と思わず叫んだものでした。

遺族を思いやる

あれから1年、ご子息を亡くされたご両親さま、ご家族のみなさまのお心の内は察してあまりあるものでございましょう。会社でも、先日○○君を知る先輩・同僚が大勢集い、ひと夜冥福を祈りました。若すぎる死に運命の過酷さを知る思いでした。

献杯

それでは、○○君の冥福を祈りまして。○○君、やすからかにお眠りください。「献杯」

あいさつの流れ

①**自己紹介**
遺族にまず弔意を表し、それから自己紹介をします。

②**訃報に驚く**
訃報に接した驚きを述べます。

③**遺族を思いやる**
遺族の心中を思いやり、会社内での故人への思いを伝えます。

④**発声**
冥福を祈ります。

法要での献杯のあいさつ

友人代表として一周忌法要

32歳男性
・同期でウマが合った
・相談相手だった
・思慮深く頭のきれる男

話し手
友人代表
会社の同僚

2分

自己紹介

本日は、○○君の一周忌の法要にお招きいただき、ありがとうございました。私は、○○君の会社の同僚で、荻野武史と申します。

なぐさめ

○○君が亡くなって1年。ご家族のみなさまのお悲しみはいかばかりであったかとお察し申し上げます。

故人との関わり

私の同期は60名おりますが、そのなかで○○君とは妙にウマがあって、よくいっしょに飲んだりしておりました。結婚式にもお互い出席し、会社の中では同じ部署になったことはありませんが、相談ごとがあると「ちょっと飲まないか」と電話をしあう仲でした。どちらかというと私が、しゃべるほうで○○君は聞き役。しかしながら最後には、きちんと問題解決の結論を出してくれる、思慮深く頭のきれる男でした。

死を悼む

○○君のようないいヤツにはもう出会えないかもしれません。誠に惜しい男を亡くしました。

発声

○○君の御霊《みたま》に献杯をいたします。どうぞグラスをお持ちください。

「献杯」、ありがとうございました。

あいさつの流れ

①**なぐさめ**
遺族の1年間の心中を察しなぐさめます。

②**故人とのかかわり**
故人との関係を述べながら、故人の人柄を語ります。

③**故人の死を悼む**
友人として、故人の死を悼む気持ちを言葉にします。

法要での献杯のあいさつ

友人代表として三回忌法要

21歳女性
・大学2年生のときで発病
・1年の闘病生活を経て死亡
・1年間、お見舞いに通った

話し手 友人代表 幼なじみ
2分

お礼

本日は、○○ちゃんの三回忌のご法要にお招きいただき、ありがとうございます。

関係と思い出

私は、○○ちゃんとは、家が隣どうしで、小学校はいっしょに通学していました。クラスが同じだったことはなかったのですが、お隣どうし姉妹みたいな関係でした。大学2年の春、○○ちゃんが入院したと聞いてお見舞いに行き、それからは週に2、3回は病院に顔を出すようになりました。

闘病生活

2人でいろいろ話しました。将来のことや、病院のかっこいい先生のこと。一度○○ちゃんが「もう来ないで」と言ったことがありました。私を見ていると、病気の自分が恨めしくなるからと。私はショックでしたが、○○ちゃんの気持ちが今はわかります。

決意

おかげさまで今、私は大学生活を送っていますが、○○ちゃんの分も大切に人生を生きていきたいと思っています。

発声

○○ちゃんのご冥福《めいふく》を祈って「献杯」、ありがとうございました。

あいさつの流れ

①**関係と思い出**
若い人のあいさつでは、形式は気にせず、故人との思い出をみなさんに聞いてもらうつもりで話せばよいでしょう。

②**闘病生活**
思い出の内容は、故人をおとしめるものでなければ、なんでもかまいません。

③**決意**
故人の死を無駄にしない決意を述べます。

法要での献杯のあいさつ

友人代表として七回忌法要

22歳 男性
・大学の山岳部員だった
・山で事故に遭って死亡
・野鳥や動物が好きだった

話し手
友人代表
学生時代の友人

2分

自己紹介

本日は、○○君の七回忌の法要に、お招きいただきありがとうございます。私は、○○君と大学の山岳部でいっしょだった石田遼と申します。

死のショック

6年前の事故のとき、私は○○君と同じパーティーにいました。友を山で亡くしたことがショックで、それ以来もう山はやめようと思いました。電車に乗っても山は見ない、本屋でも山の雑誌は見ない、そういう生き方をしてきました。

父親のことば

しかし三回忌の法要で、○○君のお父さんから「無理にとは言いませんが、登りたいなら登ってください。○○の分も世界の山を見てください」とおことばをいただきました。それから、大きな山に登ると、○○君の墓に報告に行くのが習慣になりました。

山の思い出

山に登ると、○○君を思い出します。彼は鳥や小動物が好きで、よく写真を撮っていました。

発声

それでは、○○君の御霊《みたま》に献杯いたします。

「献杯」、ありがとうございました。

あいさつの流れ

①**故人の死のショック**
没後時間がたって、やっと話せる気持ちもあります。

②**父親のことばで**
父親のことばで、故人への負い目が軽減されたことを、控えめな表現で感謝します。

③**山での思い出**
山での故人の様子を述べます。

法要での献杯のあいさつ

友人代表として十三回忌法要

51歳 女性

・美容室を何軒も経営
・業界の発展に貢献
・よき先輩だった

話し手
友人代表
同業者

2分

お礼

本日は、故○○○○様の十三回忌のご法要にお招きいただきまして、まことにありがとうございます。

故人との関係

私は、美容サロン「ブーケ」の高梨美紀でございます。

私が25年前に△△駅前に初めて出店したとき、○○さんとの出会いがありました。ある日、お客さまがお見えになりましてお会計のときに「腕はいいけど、サービスがだめね」とおっしゃったのです。それが、何軒も美容サロンを経営なさっている○○さんだったのです。私は、「だめね」とご指摘のあった理由を知りたくて、○○さんのお店に客として通いつめるうちに親しくおつき合いをさせていただくようになりました。

功績を称える

私たちの業界は競争が激しく、敵に塩を送るような美談は、まずございません。それなのに○○さん、若い私のことを育ててくれようとなさったのです。業界全体の発展を考えていらっしゃった大きなお心に、今でも感謝申し上げております。

発声

○○さんの功績に献杯をいたしましょう。

「献杯」、ありがとうございました。

あいさつの流れ

①故人との関係
故人との出会いや、つき合いにふれます。

②功績を称える
仕事仲間として、故人の業界への功績をたたえます。

③発声
故人の功績をたたえ、献杯します。

●監修

大坪義文（おおつぼ・よしぶみ）

株式会社東京葬祭に勤務。葬儀施行の指揮を執るかたわら、豊富な現場経験を生かし、葬儀のしきたりなどの講演を行っている。『葬儀のしきたりとお金の事典』『親の葬儀とその後事典』（法研）などを監修。

編集協力／耕事務所

執筆協力／関みなみ　野口久美子　佐々木美幸　増澤曜子

カバーデザイン／上筋英彌（アップライン）

本文デザイン／石川妙子

イラスト／山下幸子

葬儀・法要　喪主・遺族代表のあいさつ

監　修　者	大坪義文
発　行　者	東島俊一
発　行　所	株式会社 法　研
	東京都中央区銀座1-10-1（〒104-8104）
	販売 03（3562）7671／編集 03（3562）7674
	http://www.sociohealth.co.jp
印刷・製本	文唱堂印刷株式会社

小社は、(株)法研を核に「SOCIO HEALTH GROUP」を構成し、相互のネットワークにより、"社会保障及び健康に関する情報の社会的価値創造"を事業領域としています。その一環としての小社の出版事業にご注目ください。

ISBN978-4-87954-777-4　定価はカバーに表示してあります。

乱丁本・落丁本は小社出版事業部販売課あてにお送りください。
送料小社負担にてお取り替えいたします。